谨以此丛书献给
内蒙古自治区文物考古研究所成立60周年

内蒙古文化遗产丛书

阿拉善文化遗产

内蒙古自治区文物考古研究所　编

文物出版社

责任编辑　李　东　张征雁

责任印制　张道奇

图书在版编目（CIP）数据

阿拉善文化遗产/陈永志，吉平，张文平主编；
内蒙古自治区文物考古研究所编．－北京：文物出版社，
2014.8
　（内蒙古文化遗产丛书）
　ISBN 978-7-5010-4045-2

　Ⅰ.①阿… Ⅱ.①陈… ②吉… ③张… ④内… Ⅲ.
①文化遗产－介绍－阿拉善盟 Ⅳ.①K292.62

中国版本图书馆CIP数据核字(2014)第151833号

阿拉善文化遗产

编　　者　内蒙古自治区文物考古研究所
出版发行　文物出版社
地　　址　北京市东直门内北小街2号楼
邮政编码　100007
网　　址　www.wenwu.com
邮　　箱　web@wenwu.com
制版印刷　北京燕泰美术制版印刷有限责任公司
经　　销　新华书店
版　　次　2014年8月第1版第1次印刷
开　　本　787×1092　　1/16
印　　张　22.75
书　　号　ISBN 978-7-5010-4045-2
定　　价　340.00元

序言

　　美丽富饶的内蒙古自治区位于祖国的北部边疆，环境优美，气候宜人，自古以来就是人类繁衍生息的好地方。特定的地理位置、区域特点与生态环境，形成绚丽多姿、丰富多彩的物质文化遗产，造就了博大精深的草原文化。由内蒙古自治区文物考古研究所编纂的这套《内蒙古文化遗产丛书》，将分布在内蒙古自治区各地的物质文化遗产以盟市为单位编列成书，系统地向社会展示，显示了内蒙古自治区文化遗产的突出优势，这在当今"弘扬社会主义先进文化，推动社会主义文化大发展大繁荣"的新形势下，无疑具有重要的现实意义。

　　内蒙古自治区历史悠久，文化积淀深厚。草原地区人类的历史最早可以追溯到旧石器时代，这是草原文化的滥觞时期。在内蒙古呼和浩特东郊发现的大窑旧石器时代遗址，发现了石器制造场与其他的人类遗迹，将内蒙古地区人类的历史提升到了50万年。另外，在内蒙古其他地区还发现了距今5万年至1万年的"河套人"以及"扎赉诺尔人"，由此证明了中国北方的内蒙古自治区也是人类的重要起源地之一。新石器时代至青铜时代是草原文化形成的重要阶段，以赤峰红山命名的红山文化，是这一时期草原文化的核心。在内蒙古地区相继发现的兴隆洼文化、赵宝沟文化、富河文化、庙子沟文化、小河沿文化、朱开沟文化、夏家店下层文化等一系列草原考古学文化，使得中华民族文化呈现出"多源辐辏"、"百花齐放"的繁荣局面。秦汉、魏晋之际是草原文化快速发展的重要阶段。位于阿拉善盟的居延遗址群是中国西部地区重要的汉代边疆城市遗址，以出土"居延汉简"著称于世。呼和浩特地区和林格尔的盛乐古城遗址是内蒙古中南部最大的都城遗址。呼伦贝尔市鄂伦春自治旗的嘎仙洞遗址，发现北魏太平真君四年（443年）的石刻祝文，证明了此处是鲜卑贵族的"先祖石室"、拓跋鲜卑的发祥地。这些重要的文化遗产是中国历史上多民族文化碰撞、融合、升华的实物见证。辽金元时期草原文化达到了空前的繁荣与昌盛。内蒙古东部的赤峰、通辽历史上是辽王朝的京畿地区，契丹人的政治中心所在。在这一地区分布有辽上京、辽中京两大都城，还分布有辽祖陵、辽怀陵、辽庆陵三大皇族陵寝，以及轰动世界、闻名遐迩的辽陈国公主墓、吐尔基山辽墓。元代的内蒙古地区是东西文化交流的主阵地，"草原丝绸之路"东端的重要起点。元上都遗址是中国北方草原地带最大的元代都城遗址，御天门、大安阁、穆清阁等重要建筑遗迹，真实地再现了元代皇城的宏伟规模，极大地彰显了元上都遗址的突出价值，是内蒙古自治区极为珍贵的世界文化遗产。位于乌兰察布市的集宁路古城遗址，考古发现了一处完整的市肆遗迹及多处器物窖藏，出土了釉里红玉壶春瓶、青花梨形壶、卵白釉"枢府"铭盘、青釉龟形砚滴、青釉荷叶盖罐等大量完整瓷器，以及其他珍贵瓷器标本上万件，堪称中国的"庞贝城"。另外，内蒙古自治区也是我国古代岩画资源最为富集的地区，以阴山岩画、曼德拉山岩画、乌兰察布岩画最为典型，岩画总量多达十万余幅，时代纵跨上万年，这是内蒙古草原地区现存最为壮观的古代艺术画廊。此外，内蒙古自治区还拥有当今世界上保存最长、辐射面最广、影响最为深远的特殊文化线路——长城。全区共查明有战国燕、战国赵、战国秦、秦代、西汉、东汉、北魏、隋代、北宋、金代、西夏、明代修筑的长城墙体7570公里，有与长城相关的马面、敌台、烽燧、障城、关堡等各类遗存近万处，其附属遗址的数量、跨越的时代及墙体长度，都位居全国第一。这些林林总总的物质文化遗产都是内蒙古自治区珍贵的文化资源，是草原文明的重要实物载体，也是草原文化薪火相传的实物例证。

《内蒙古文化遗产丛书》以草原地区古代民族活动遗留下来的物质文化遗产为具体研究对象，对人类的生产生活、社会生活、精神生活进行"时"、"空"、"人"三维的全方位考察研究，以期对草原民族物质生活、精神生活以及制度体系进行客观定位，进而揭示社会文化的发展状况，人类文明的历史进程。人类起源问题是当今世界十大科学课题之一，草原人类从何而来？草原文明从哪发端？这也是困扰当今学术界的重大问题。内蒙古草原地带大窑遗址、萨拉乌苏遗址、金斯太洞穴遗址、扎赉诺尔遗址等一系列旧石器时代文化遗存的考古发现，证明中国北方草原地带的内蒙古自治区同样也是人类的重要发祥地之一，其学术意义是不言而喻的。而古代文明的起源与形成也是世界学术界倍加关注的课题之一。近年来，随着内蒙古文化遗产保护、发掘与研究工作的深入开展，广泛分布在蒙古草原地带的一些古代遗址与墓葬逐渐地被揭露与发现，不同历史时期的文物精品大量破土面世。特别是位于内蒙古东部地区红山文化遗址的考古发现，证明了中华民族文明的源头可以追溯到草原深处，内蒙古同样也是中华文明曙光升起的地方，草原文化与黄河文化、长江文化三位一体，已经构成了中华民族历史文明的三大主流文化。中华民族多元一体文化格局的建构，草原文化功不可没。

草原文化之所以有着如此强大的生命力与感召力，还在于她的开放性、包容性与文化内涵的博大精深。内蒙古自治区位于欧亚大陆的东端，蒙古高原的南部，作为世界历史上著名的"草原丝绸之路"，这里是东西文化交流的重要长廊，也是游牧文明与农耕文明交融和碰撞的特殊地带。特殊的区域位置与人文环境，创造了种类繁多、规模宏大、保存完好的城市文化遗产。在内蒙古自治区分布有北魏的盛乐都，辽代的上京城，元代的上都、黑城古城等中外闻名的城市遗址，围绕着这些大遗址，群星点点地分布着各类古代文化遗存，构成了草原丝绸之路商品交换的大通道，东西文化传播的主干线。

所以，分布在内蒙古自治区这些林林总总的物质文化遗产，反映了草原文化的庞大内涵，是草原文明最为直接而又形象的体现。文化是多元的，中华民族文化是多民族文化碰撞、融和、升华的结果，草原文化是中华民族文化构筑的一个重要板块，深化草原文化研究，考察草原文化的发展演进轨迹，探索草原文化与华夏文化碰撞、融合的历史进程，对于进一步弘扬中华民族文化具有重要的历史意义。

习近平总书记指出：一个国家、一个民族的强盛，总是以文化兴盛为支撑的，中华民族伟大复兴需要以中华文化发展繁荣为条件。中华优秀文化是我们民族永不褪色的名片、永不贬值的"硬通货"。同时要求我们要系统梳理传统文化资源，让收藏在禁宫里的文物、陈列在广阔大地上的遗产、书写在古籍里的文字都"活"起来。这是对我们文化工作者的一个总体要求，也是我们文化遗产保护事业发展的一个总方针。目前，内蒙古自治区的文化遗产保护事业蓬勃发展，草原文化研究欣欣向荣，重大考古发现层出不穷，学术研究成果斐然，文化遗产保护工作得到了社会的普遍认同，在弘扬中华民族传统文化、增强国民凝聚力与向心力、建设社会主义和谐社会等方面发挥着不可替代的重要作用。作为展示草原文化遗产的点睛之作，《内蒙古文化遗产丛书》以研究内蒙古文化遗产为主要内容，旨在进一步弘扬草原文化，传承草原文明，这是这套丛书付梓的重要意义。

是为序。

内蒙古自治区党委常委　宣传部部长

2014年7月25日

目 录

前 言

陈永志

内蒙古自治区位于中国北方草原地带，作为世界上著名的"草原丝绸之路"，历史文化积淀深厚。目前已初步查明有各类文物遗址点2.1万余处，全国重点文物保护单位141处，自治区级重点文物保护单位319处，盟市旗县级别的文物保护单位700余处。这些林林总总的物质文化遗产，构成了草原文明的主体，展现出草原文化发展的完整脉络，是内蒙古自治区极为珍贵的文化资源。如何有效地利用这些丰厚的文化遗产，将文化遗产资源转化为强大的发展优势，这是我们每一个文物考古工作者所肩负的历史重任。党的十八大提出"两个一百年"的奋斗目标和实现中华民族伟大复兴"中国梦"的战略构想，而夯实中华文化的根基，展示中华文化的精粹，张扬中华文化的辉煌，是建设社会主义文化强国的根本，也是奔向"两个一百年"奋斗目标和实现中华民族伟大复兴"中国梦"最为有效的途径。

内蒙古自治区多草原、山地、沙漠的自然环境特点，使得历史上遗留下来的大量文物古迹完整地保存至今。内蒙古文化遗产的特色与优势就是地下埋藏文物丰富，文化内涵深厚，草原特色鲜明。近期，内蒙古自治区党委、政府提出了"8337"的发展思路，将内蒙古自治区建设成"体现草原文化、独具北疆特色的旅游观光、休闲度假基地"作为文化发展的战略目标，其主旨就是要充分发掘文化资源，彰显内蒙古自治区突出的文化资源优势，丰富草原文化的内涵。而文化遗产则是草原文化的主要承载体，是草原文明最为形象直观的体现。所以，对内蒙古自治区文化遗产的深入发掘、研究与展示，是弘扬草原文化、传承草原文明、建设民族文化强区的实际需要。

中华民族文化是多民族文化碰撞、融和、升华的结果，草原文化是中华民族文化的重要组成部分，而文化遗产则是草原文化的精粹，也是草原文化的核心内容。因此，对草原文化遗产的深入发掘与研究，对于提升草原文化在中华民族文化中的历史地位具有重要的意义。中华民族素以"声色文物之邦"著称于世，具有悠久的历史与光辉灿烂的文化。中华文化的特点首先是连绵不断，其次是多元一体，再次是具有鲜明的民族特色。世界上没有任何一个国家像中国一样，具有自旧石器时代起，历经新石器时代、青铜时代、铁器时代、历史时期直至近现代这样一个衔接完整的历史发展脉络，更没有一个国家的文化像中国的文化一样包罗万象、博大精深、源远流长，这也是中华民族之所以屹立于世界民族之林的一个重要原因。内蒙古自治区位于蒙古高原的南端，是草原丝绸之路的主干线，东西文化碰撞、交流的枢纽地带，中华民族文化以此为平台，向周边地区传播，从而推动了世界文明的发展。所以，草原文化在构建中华民族多元一体文化格局的过程中具有重要的作用，而构成草原文化核心内容的就是这些丰富多彩的草原文化遗产，这是内蒙古自治区重要的文化资源，也是建设民族文化强区强大的"软实力"。

习近平总书记指出：宣传阐释中国特色，要讲清楚每个国家和民族的历史传统、文化积淀、基本国情不同，其发展道路必然有着自己的特色；讲清楚中华文化积淀着中华民族最深沉的精神追求，是中华民族生生不息、发展壮大的丰厚滋养；讲清楚中华优秀传统文化是中华民族的突出优势，是我们最深厚的文化软实力。这是对我们国家文化遗产保护事业高屋建瓴的一个总体要求。近年来，随着内蒙古田野考古工作的深入开展，广泛分布在蒙古草原地带的一些古代城址与墓葬逐渐地被揭露与发现，不同历史时期的文物精品大量破土面世，草原文化的研究进入了一个全新的历史阶段。在新的历史条件下，为了进一步繁荣发展内蒙古自治区的文化遗产保护事业，深入弘扬草原文化，针对内蒙古自治区文化遗产的分布状况与文化特点，我们编写了这套《内蒙古文化遗产丛书》，对内蒙古自治区境内的文化遗产进行深入的发掘、研究与展示，目的就是让这些埋藏在地下的文化遗产充分地"活"起来，以期讲好中国故事，传播好中国声音，为建设内蒙古文化强区尽绵薄之力。

《内蒙古文化遗产丛书》分为《呼和浩特文化遗产》、《包头文化遗产》、《乌海文化遗产》、《赤峰文化遗产》、《通辽文化遗产》、《呼伦贝尔文化遗产》、《鄂尔多斯文化遗产》、《乌兰察布文化遗产》、《巴彦淖尔文化遗产》、《兴安文化遗产》、《锡林郭勒文化遗产》、《阿拉善文化遗产》共12卷本，根据内蒙古自治区的行政区划按盟市为单位分别编写。所介绍的内容为传统意义上的物质文化遗产，空间范围以内蒙古自治区辖境为基本覆盖范围，时间范围为旧石器时代至近现代，具体为不同历史时期遗留下来的古遗址、古墓葬及相关文物，涵盖历史、文学、艺术、语言、宗教、哲学、教育、民俗诸多方面的内容。重点以各盟市所辖范围内的全国重点文物保护单位、自治区级重点文物保护单位和市县级重点文物保护单位为主，同时包括其他未定级别的文物遗址与重要的考古发现，并配以图片及相关佐证材料，力求客观真实。

本系列丛书为内蒙古自治区"草原英才"工程项目成果之一，同时也是献给内蒙古自治区文物考古研究所建所60周年的隆重大礼。我们力求通过本系列丛书将内蒙古自治区境内的文化遗产状况全面、系统、真实地反映出来，为建设发展的内蒙古、繁荣的内蒙古、文化的内蒙古贡献自己的一份力量。囿于编者的学识与水平，本系列丛书难免有这样或那样的不足之处，敬请各位读者批评指正。

内蒙古文化遗产概论

陈永志

内蒙古自治区地域辽阔，呈东北向西南斜伸的狭长形，总面积约118.3万平方公里。在漫长的地质历史演化的过程中，形成了高山、草地、平原、盆地、沙漠戈壁等复杂的自然环境风貌。这些复杂的自然环境，同时也造就了内蒙古地区多元化的人文环境风貌。从旧石器时代的"大窑人"，到新石器时代的"红山人"，再到青铜时代的"夏家店人"，一直到后来的北狄、匈奴、鲜卑、突厥、回鹘、契丹、女真、蒙古等民族，这些草原民族经过世代繁衍生息，交往融合，形成了雄厚的历史文化积淀，造就了博大精深的草原文化遗产。对这些草原文化遗产的突出普遍价值的正确认知，是深入发掘内蒙古自治区文化资源的需要，也是建设文化强区的必要保障。

一 内蒙古物质文化遗产概况

文化遗产包括遗存与遗物两大部分，主要涉及人类社会政治、经济、文化、军事、宗教等诸多方面。遗存主要有古

锡林郭勒盟金斯太旧石器时代洞穴遗址

城市遗址、古墓葬、古建筑等，还有长城、界壕、驿道等复合型的特殊遗址；遗物主要有金银器、青铜器、碑刻、岩画、货币、雕塑、陶瓷、丝织品等。目前已初步查明内蒙古自治区有各类文物遗址点2.1万余处，全国重点文物保护单位141处，自治区级重点文物保护单位319处，盟市旗县级别的重点文物保护单位700余处。这些珍贵的文化遗存，构成了草原文明的主体，展现出草原文化发展的完整脉络。

旧石器时代是草原文化的滥觞时期，位于中国北方的内蒙古自治区同样也是人类的重要起源地之一。目前为止，在内蒙古自治区发现的旧石器时代遗址就达三十余处，其中以呼和浩特东郊发现的大窑遗址、鄂尔多斯发现的萨拉乌苏遗址、锡林郭勒发现的金斯太洞穴遗址、呼伦贝尔发现的扎赉诺尔遗址最为典型。大窑遗址位于呼和浩特市大窑村南，以发现的旧石器制造场及四道沟典型的地层剖面为重要的考古学依据。第一层为表土层，形成于全新世；第二层为马兰黄土层，形成于晚更新世晚期；第三层为淡红色土层，形成于晚更新世早期；第四层至第七层为离石黄土层，形成于更新世中期。在第四层底部发现有肿骨鹿化石，还有远古人类打制的石片、刮削器、砍砸器、石刀和石核等石制品，其时代属于旧石器时代早期，距今约50万年。鄂尔多斯萨拉乌苏旧石器时代遗址，发现于1922年，其后经过多次调查，在此地相继发现了顶骨、额骨、枕骨、股骨、胫骨、腓骨19件化石。其中有六件人骨化石是从晚更新世原生地层里发现的，学术界命名为"萨拉乌苏文化"，属于旧石器时代晚期，距今5万至3.7万年。锡林郭勒盟东

赤峰市魏家窝铺红山文化遗址发掘现场

通辽市哈民遗址清理出土的半地穴房屋基址

乌珠穆沁旗金斯太洞穴遗址，发现了旧石器时代中期晚段到青铜时代的连续地层堆积。在旧石器时代地层中发现了人类用火遗迹，出土了大量的打制石器、细石器、晚更新世晚期的动物骨骼化石等珍贵遗存。经^{14}C测定，距今约3.6万年。金斯太洞穴遗址的考古发现，对北方草原地区旧石器时代中晚期现代人的起源、迁徙、旧石器时代至新石器时代转变机制等方面的研究，都具有十分重大的意义。扎赉诺尔遗址发现于1927年，先后共发现15个个体的人头骨化石及其他化石。该遗址出土有石镞、刮削器、石片、石核等细石器，刀梗、锥、镖等骨器，并出土有夹砂粗陶器残片，同时出土有猛犸象、披毛犀等动物化石，是典型的中石器时代遗址，具体时代距今一万年左右。

在内蒙古自治区共发现新石器时代遗址两千余处，这些遗址主要分布在内蒙古东南部的西辽河流域及内蒙古中南部的黄河流域及环岱海地区。以赤峰红山命名的红山文化，是这一时期草原文化的核心。在内蒙古东部地区相继发现的兴隆洼文化、赵宝沟文化、富河文化、小河沿文化等一系列草原考古学文化，使得中华民族文化呈现出"多源辐辏"、"百花齐放"的繁荣局面。西辽河流域时代最早的新石器时代文化是敖汉旗的"兴隆洼文化"，其后是位于敖汉旗的"赵宝沟文化"和以赤峰红山后遗址为代表的"红山文化"以及以巴林左旗富河沟门聚落遗址为代表的"富河文化"。在通辽市科尔沁左翼中旗发现的哈民聚落遗址，是近期在内蒙古东北地区发现的较为重要的考古发现，被定名为"哈民文化"，也属于红山文化系列。这些考古学文化早到距今约8000年，晚到距今约4000年，以之字纹筒形罐、C形玉龙、楔形石耜为主要考古学文化特点。内蒙古中南部黄河流域及环岱海地区的新石器时代文化，主要属于中原地区的仰韶文化和龙山文化序列。最早的以凉城县王墓山遗址为代表的"王墓山下类型"，其年代大约距今6000年，属于仰韶文化晚期。其后有托克托县的"海生不浪文化"、包头市的"阿善二期文化"、察哈尔右翼前旗的"庙子沟文化"、凉城县的"老虎山文化"等，以彩陶钵、小口尖底瓶、双耳罐为主要考古学文化特点。

内蒙古地区发现的青铜时代遗址有七千余处，其中以夏家店下层文化、夏家店上层文化、大口二期文化和朱开沟文化为典型。夏家店下层文化发现于老哈河及大小凌河流域，以赤峰药王庙、夏家店、蜘蛛山、大甸子遗址，范杖子墓地为典型，其后又有赤峰三座店山城遗址、二道井子聚落遗址等重要考古发现。夏家店上层文化南边老哈河流域以宁城县南山根遗址为代表，北边西拉沐沦河流域以赤峰克什克腾旗龙头山遗址为典型，时间为夏、商至春秋时期。同一时期的考古学文化在赤峰地区还有"井沟子"、"铁匠沟"、"水泉"等文化类型。内蒙古中南部的青铜时代遗址，较为典

赤峰市三座店石城遗址

赤峰市二道井子遗址考古发掘现场

型的是准格尔旗大口村的"大口二期文化"和伊金霍洛旗的"朱开沟文化"。在朱开沟文化的第五段遗存内,发现鄂尔多斯式青铜戈,从而将鄂尔多斯式青铜器的时代上限上溯到二里冈上层文化时期,也就是商代早期。经过考古发掘证明,以"鄂尔多斯式青铜器"为代表的"朱开沟文化",是属于商周时期中国北方少数民族的文化遗存,其时代下限距今2500年左右。

　　秦汉、魏晋之际是中国历史上各民族走向大一统、大融合的重要历史阶段。秦汉王朝为稳定边疆统治,在内蒙古地区营建大小边疆城镇,并屯垦开发。初步统计,内蒙古地区有秦汉时期大小城镇多达四十余座,目前能够确定其地望的城址主要有以下几例:云中郡为托克托县古城村古城,沙陵县城址为托克托县哈拉板申村东古城,沙南县城址为准格尔旗十二连城城,侦陵县城址为托克托县章盖营子古城,北舆县城址为呼和浩特塔布陀罗海古城,阳原县城址为呼和浩特市郊八拜村古城,武泉县城址为卓资县三道营子村古城,五原郡治所为乌拉特前旗三顶帐房古城,临沃县城址为包头市麻池村古城,定襄郡治所成乐城为和林格尔县土城子古城,桐过县城址为清水河县上城湾古城,安陶县城址为呼和浩特市郊陶卜齐古城,武城县城址为和林格尔县榆林城古城,临戎县城址为磴口县补隆淖乡河拐子古城,窳浑县城址为磴口县沙金陶海保尔浩特古城,朔方郡治所三封县城为磴口县陶升井古城,美稷县城址为准格尔旗纳林镇古城,广衍县城址为准格尔旗瓦尔吐沟古城,沃阳县城址为凉城县双古城古城,右北平郡治所平刚县城为宁城县甸子乡黑城古城。这些秦汉时期城市遗址在魏晋南北朝时期继续沿用，成为鲜卑族南迁汉化的重要跳板。其中拓跋鲜卑南下建立的第一座都城盛乐城在今天的和林格尔县土城子古城，是内蒙古中南部最大的城市遗址，而北魏云中宫所在地就在今托克托县古城村古城。围绕着这两座古城，还分布有北魏重要的军事重镇，其中的沃野镇城址为乌拉特前旗苏独仑乡根子场古城，怀朔镇城址为固阳县城库伦古城，武川镇城址为武川旦乌兰不浪乡土城梁古城，抚冥镇城址为四子王旗库图城卜子古城，柔玄镇城址为察哈尔右翼后旗白音查干古城。目前在内蒙古地区共发现有秦汉魏晋时期的文物遗址多达三千余处，东西分布众多的城市遗址是这一特殊历史时期古代内蒙古地区多民族文化碰撞、融合、升华的实物见证。

内蒙古隋唐时期的文物遗址较少，目前初步统计有三百余处，这些文物遗迹也主要以城市遗址为主，目前能够认定其性质的主要有以下几例：隋代朔方郡长泽县城址为鄂托克前旗城川古城，榆林郡治所胜州城址为准格尔旗十二连城，富昌县城址为准格尔旗天顺圪梁古城，金河县城址为托克托县七星湖村土城，五原郡治所丰州城为乌拉特前旗东土城村古城。唐王朝为了加强对北方边疆地带的控制，实行节度使与羁縻州制度，内蒙古地区唐代的城镇多属于羁縻州府。其中振武节度使与单于都护府同驻一城，城址在今和林格尔县土城子古城，东受降城在今托克托县的大皇城古城，胜州城址在今准格尔旗十二连城古城，河滨县城址在今准格尔旗天顺圪梁古城，长泽县城

呼和浩特市和林格尔盛乐古城遗址发掘清理的汉代砖室墓

呼和浩特市和林格尔汉墓壁画——庄园图

在今鄂托克前旗城川古城，白池县城址在今鄂托克前旗二道川的大池古城，天德军城址在今乌拉特前旗陈二壕古城，中受降城址在今包头市傲陶窑子古城，兰池都督府城址在今鄂托克前旗三段地乡的巴拉庙古城，饶乐都督府城址在今林西县樱桃沟古城。这些隋唐时期的城址，大部分保存完好，城内遗迹丰富，出土文物精美。

辽金元时期内蒙古地区的文物遗址最为丰富，多达1.1万余处。这些文物遗址规模宏大，种类庞杂，精品众多，在世界文明史上具有重要的历史地位。位于内蒙古东部的赤峰市辖区，历史上是辽王朝的京畿地区，契丹人的政治中心。在这一地区分布有辽上京、辽中京两大都城，还分布有辽祖陵、辽怀陵、辽庆陵三大皇族陵寝。在辽代，中国北方草原地带开始了大规模的城市建设，据《辽史》记载，辽朝有"京五、府六、州军城百五十六、县二百有九"。目前能够确认的辽代城市遗址有两百余座，其中最为著名的上京临潢府城址在今巴林左旗林东镇，中京大定府城址在今宁城县大明城。除辽代京城以外，还有一些著名的州县城，如龙化州城址为今奈曼旗孟家段古城，永州城址为今翁牛特旗白音他拉古城，武安州城址为今敖汉旗丰收乡白塔子古城，丰州城址在今呼和浩特白塔古城，祖州城址在今巴林左旗石房子古城，庆州城址在今巴林右旗索博力嘎古城，通化州城址在今陈巴尔虎旗浩特陶海古城等。金代城址也多沿用辽代城址，其中北京路城址为今宁城县大明城，武平县城址在今敖汉旗白塔子古城，临满府路城址在今巴林左旗林东镇南古城，长泰县城址在今巴林左旗十三敖包乡古城，西京路所属丰州城址在今呼和浩特市东白塔古城，东胜州城址在今托克托县的大皇城和小皇城，宁边州城址在今清水河县下城湾古城，净州城址在今四子王旗吉生太乡城卜子古城，桓州城址在今正蓝旗四郎城古城，集宁县城址在今察哈尔右翼前旗巴彦塔拉乡土城子古城，振武镇城址在今和林格尔土城子古城，宣宁县城址在今凉城县淤泥滩古城，天成县城址为今凉城县天成村古城等。金代的城市一般年代跨度较小，规模不显，但同样也被后来的元朝沿用与开发。古代的内蒙古地区是元朝的肇兴之地，此地建有元朝的开国之都——元上都，还分布有一系列的路府州县城市，文物遗迹丰富。世界著名的元上都城址位于今正蓝旗五一牧场内，城垣面积达四平方公里之多，是当时国际性的大都会。以元上都城址为中心，元代的城市遗址可以说是星罗棋布。成吉思汗母亲月伦太后和幼弟斡赤斤在其封地内兴筑的城郭位于今鄂温克族自治旗辉苏木巴彦乌拉古城，成吉思汗二弟哈撒儿在其封地内兴筑的城郭为今额尔古纳右旗黑山头古城，汪古部兴建的德宁路古城为在今达尔罕茂明安联合旗敖伦苏

赤峰市辽代上京城皇城内清理的塔基遗址

通辽市辽陈国公主墓发掘现场

木古城，元代砂井总管府城址为今四子王旗红格尔苏木大庙古城，元代集宁路城址在今察哈尔右翼前旗巴彦塔拉乡土城子古城，净州路城址在今四子王旗吉生太乡城卜子古城，弘吉剌部在其封地内兴筑的应昌路城址为今克什克腾旗达尔罕苏术鲁王城，全宁路城址为今翁牛特旗乌丹镇西门外古城，亦乞列思部兴建的宁昌路城址在今敖汉旗五十家子村，上都路下属的桓州城址为今正蓝旗四郎城，松州城址在今赤峰市红山区西八家古城，兴和路下属的威宁县城址在今兴和县台基庙古城，丰州城址在今呼和浩特市东白塔古城，云内州城址在今托克托县西白塔古城，东胜州城址在今托克托县大皇城，红城屯田所在今和林格尔县小红城古城，大宁路城址在今宁城县大明城，高州城址在今赤峰市松山区哈拉木头古城，兀剌海路城址在今乌拉特中旗新忽热古城，亦集乃路城址为今额济纳旗黑城。这些元代城市遗址呈扇形分布在中国北方的内蒙古草原地带，构成了规模宏大而又自成体系的文化遗产景观，是草原丝绸之路上的重要城市遗址，也是内蒙古自治区文化遗产的核心所在。

二 内蒙古文化遗产资源的特色与优势

内蒙古自治区地域辽阔，多山地、草原、沙漠的自然环境特点，加之人为干扰较少，使得地上、地下文化遗存大部分得以完整地保存下来。所以，内蒙古自治区文化遗产最大的特点是保存完整、种类丰富、精品辈出。特别是近几年，内蒙古自治区重要考古发现不断出现，文化遗产保护事业成绩斐然，现已形成具有民族与地域特色的文化遗产体系，彰显内蒙古自治区文化发展的强势与巨大的潜力。

1972年，在盛乐古城南发现的小板申东汉壁画墓，发现保存完好的壁画56组，57幅，榜题250条，是目前研究东汉庄园制度最为完整的实物资料。1986年，在通辽奈曼旗青龙山发掘的辽陈国公主墓，出土三千多件（组）金、银、玉质地的珍贵文物，

赤峰市耶律羽之墓耳室墓门

赤峰市宝山辽墓壁画《寄锦图》

其中金属面具、银丝网络以及璎珞、琥珀饰件堪称辽代文物之奇珍。辽陈国公主墓的考古发掘，被评为"七五"期间全国重要考古发现。1992年，在赤峰阿鲁科尔沁旗发掘的耶律羽之墓，墓内出土了大量金银器皿及五代时期的珍贵瓷器，其中孝子图纹鎏金银壶、盘口穿带白瓷瓶最为名贵。1994年，赤峰阿鲁科尔沁旗发现一座辽代贵族墓葬，墓室内发现了大面积精美的壁画，主要有《贵妃调鹦图》、《织锦回文图》、《高逸图》、《降真图》，壁画题材丰富，对于研究辽代的绘画艺术提供了弥足珍贵的实物资料。2003年，在通辽吐尔基山再次发现一座保存完好的辽代贵族墓葬，墓内出土有精美的彩绘木棺，棺内墓主人身着十层华丽的丝织衣物，伴有金牌饰、金耳饰、金手镯及成串铜铃等，另外还发现有鎏金铜铎、银角号、包金银马具等大批珍贵文物，显示了辽文化的繁荣与昌盛。上述三项辽代重要的考古发掘，分别被评为1992年、1994年和2003年度的"全国十大考古新发现"。

2003年，位于乌兰察布市察哈尔右翼前旗集宁路古城，发现了一处完整的市肆遗迹及四十余处器物窖藏，出土了釉里红玉壶春瓶、青花高足碗、卵白釉"枢府"铭盘、青釉龟形砚滴、青釉荷叶盖罐、月白釉香炉等珍贵瓷器三百余件，其他瓷器标本上万件。由此，集宁路古城遗址被评为2003年度"全国十大考古新发现"。另外，内蒙古文物工作者还对元上都遗址进行了大规模的考古勘探与发掘。发掘清理了御天门、大安阁、穆清阁等重要文物遗迹，真实地再现了元代皇城的宏伟规模，极大地彰

通辽市吐尔基山辽墓主墓室

显了元上都遗址的突出价值。鉴于元上都的特殊历史地位，联合国教科文组织于2012年将其列入世界文化遗产名录——这是内蒙古自治区第一个世界文化遗产。

2009年，赤峰市二道井子夏家店下层文化遗址的考古发掘，揭露面积3500平方米，清理房屋、窖穴、灰坑、墓葬、城墙等遗迹单位近三百处，出土各类文物近千件，该遗址被评为中国社会科学院2009年度"中国六大考古新发现"和2009年度"全国十大考古新发现"。2010年，内蒙古自治区文物考古研究所在通辽市科尔沁左翼中旗舍伯吐镇哈民芒哈发现了一处距今约5500年前的大型史前聚落遗址。共清理出房址43座，墓葬6座，灰坑33座，环壕1条。出土陶器、石器、骨器、蚌器、玉器等文物近千件。特别重要的是，发现了保存完好的半地穴式房屋顶部的木质构架结构痕迹，为近年来东北地区史前考古的重大发现。哈民遗址的考古发掘由此被评为中国社会科学院2011年度"中国六大考古新发现"和2011年度"全国十大考古新发现"。

内蒙古自治区也是我国古代岩画资源最为富集的地区。在锡林郭勒盟、乌兰察布市、巴彦淖尔市、阿拉善盟、乌海市等地，发现古代岩画十万余幅，以阴山岩画、曼德拉山岩画、乌兰察布岩画、桌子山岩画最为典型，时代纵跨上万年。这些岩画以古阴山山脉为中心，东西横亘几千公里，堪称世界上最长的、内容最为丰富的古代艺术画廊。长城是集系统性、综合性、群组性于一身具有突出普遍价值的世界文化遗产，它是当今世界上保存最长、辐射面最广、影响最为深远的文化线路。在内蒙古自治区

乌兰察布市集宁路古城清理出的市肆大街遗址

境内共分布有战国燕、战国赵、战国秦、秦代、西汉、东汉、北魏、隋代、北宋、金代、西夏、明代修筑的长城。这些长城分布于全区12个盟市的76个旗县，总计长度达约7570公里，单体建筑、关堡和相关遗存总数达九千六百余处。内蒙古自治区的长城资源总量，占到了全国长城资源总量的三分之一，无论是时代之多还是体量之大，在全国16个有长城分布的省、自治区、直辖市中，都是位居第一。

与考古发现相辅相成的是一大批珍贵文物的出土。目前全区共有馆藏文物50万件（组），其中国家一级文物1790件，二级文物4050件，三级文物6545件。这些文物时代特征鲜明，民族特色浓郁，是内蒙古自治区重要的文化资源。在内蒙古赤峰地区发现的红山文化碧玉龙，堪称"中华之最"，中华文明的曙光。鄂尔多斯市霍洛柴登出土的匈奴王鹰形金冠饰、虎牛咬斗纹金带饰等珍贵文物，是匈奴贵族单于王的重要遗物。乌兰察布市发现的"虎噬鹰"格里芬金牌饰、金项圈，象征着匈奴王权的尊贵与威严。呼伦贝尔市、通辽市、乌兰察布市等地发现的"叠兽纹"、"三鹿纹"金牌饰以及其他的金冠饰、金带饰等文物，都是鲜卑贵族使用的代表性装饰品。赤峰市喀喇沁旗出土的双鱼龙纹银盘、鱼龙纹银壶、波斯银壶，是唐代"草原丝绸之路"上发现的一批重要文物。辽代陈国公主墓出土的黄金面具、龙凤形玉配饰，耶律羽之墓出土的褐釉鸡冠壶、双耳穿带瓶、吐尔基山辽墓出土的彩绘木棺、鎏金宝石镜盒以及造型各异的瓷器、金器、玉器及装饰奢华的马具等，是辽代文物的精品。元上都遗址出土的汉白玉龙纹角柱与柱础，再现了元代皇家宫城建筑的华丽与辉煌的气势。金马鞍是体现蒙古族游牧与丧葬风俗的绝品文物，具有游牧民族"四时迁徙，鞍马为家"的文化特点，又是蒙古贵族"秘葬"风俗习惯的真实反映。而八思巴字的圣旨令牌，是代表元朝皇权的典型文物，既是传达皇帝圣旨与政令的信物，也是蒙元时期军政合一的政治体制特点与国家驿站制度的综合体现。元代瓷器类文物首推青花、釉里红瓷器，其中以包头燕家梁出土的青花大罐，集宁路出土的青花梨形壶、釉里红玉壶春瓶最为珍贵。这些林林总总的文化遗产是内蒙古自治区珍贵的文化资源，是草原文明的主要实物载体，也是草原文化薪火相传的重要实物例证。

三　充分发掘草原文化遗产的重要意义

目前，内蒙古自治区文化遗产保护事业蓬勃发展，取得了累累硕果。重要的考古发现层出不穷，学术研究成果斐然，有力地保障了内蒙古自治区文化事业的健康发展。文化遗产日益成为促进经济社会和谐发展的重要因素，在弘扬中华传统文化、增

锡林郭勒盟元上都古城穆清阁遗址

强国民凝聚力和向心力、建设社会主义和谐社会等方面发挥着不可替代的重要作用。

首先，文化遗产的发掘研究夯实了草原文化研究的理论基础。内蒙古地区的一系列重大考古发现，极大地丰富了草原考古学文化的内涵。如通过对内蒙古呼和浩特东郊大窑旧石器遗址的考古发掘，发现属于旧石器文化的石器制造场与其他的人类遗迹，相当于北京周口店第一地点的文化面貌，将内蒙古地区人类的历史提升到了50万年；再如红山文化遗址及典型文物碧玉龙的发现，堪称中国第一缕文明的曙光。红山诸文化考古序列的确立，如同中原地区第一次从地层上明确划定了仰韶文化、龙山文化、商文化的时间序列的意义一样，将中国文明的历史从发端到发展的历史脉络勾勒得一清二楚，填补了中国考古学文化的空白，极大地完善了草原文化研究的序列与谱系。

其次，对文化遗产的发掘研究，关系到"两个一百年"奋斗目标和中华民族伟大复兴"中国梦"的实现，也是提高国家文化软实力、建设文化强区的时代需要。文化遗产是一个时代、一个民族文化与文明的物化遗留，是民族文化的精粹，是人们唯一能够看得到、摸得着的文化实体，具有无可比拟的感召力与影响力，也是人类社会可持续发展的重要因子。因此，文化遗产也是人类社会重要的文化资源，对其进行深入

阿拉善盟曼德拉山岩画《狩猎图》

巴彦淖尔市小佘太秦长城遗址

的发掘研究，既是对优秀民族文化的继承与认知，也是为建设文化强区提供精神动力与智力支持。所以，将丰富的文化遗产资源优势转化为强大的发展优势和发展动力，在文化建设上实现新的跨越，这也是提升国家文化软实力、建设文化强区的迫切需要。

再次，对文化遗产的发掘研究，是让文化资源惠及民众的必然要求及有效途径，也是文化大发展、大繁荣的时代需要。文化遗产是国家重要的文化资源，承载的信息量丰富，知名度高，对社会的影响巨大，是丰富人民精神世界、增强人民精神力量的重要介质。人民群众是文化遗产的所有者、鉴赏者和传承者，文化遗产保护必须依靠人民群众，文化遗产保护成果也必须惠及社会，融入社会，为民造福。文化遗产是中华民族文化的结晶，也是中华民族多元一体文化格局的实物见证。弘扬社会主义先进文化，增强全民族文化创造活力，推动文化事业全面繁荣发展，这就是我们实现文化遗产价值的现实需要，也是我们要保护、弘扬文化遗产的根本目的。

阿拉善盟文化遗产综述

胡春柏

"阿拉善"是蒙语的音译,意为"贺兰山",而"贺兰"一词的由来,众说纷纭,有学者认为是源于匈奴的一个部落"贺赖部"[1]。阿拉善盟作为内蒙古自治区十二盟市之一的行政区,下辖三旗,从东向西分别为阿拉善左旗、阿拉善右旗和额济纳旗。全盟总区域面积27.02万平方公里,常住人口约21.2万人,平均每平方公里不到1人,地广人稀。

一 阿拉善盟自然环境概况

从整个内蒙古自治区的地理位置上来看,阿拉善盟位于内蒙古自治区最西部,西起东经97°10′,东至东经106°51′;南起北纬37°24′,北至北纬42°47′。东与巴彦淖尔市、鄂尔多斯市、乌海市相邻;东南隔贺兰山与宁夏回族自治区中卫市、吴忠市、银川市、石嘴山市相望;西、南大部分与甘肃省酒泉市、张掖市、金昌市、武威市、白银市相连;北与蒙古国交界,国界线长达734公里。

在全国自然地理分区上,阿拉善盟辖境大部分属于西北区—阿拉善、河西亚区—阿拉善高原小区,南邻河西走廊小区,东邻内蒙古西部亚区,是指河西走廊以北、中蒙边境线以南、弱水以东、贺兰山以西的广大地区[2]。阿拉善高原小区地势大体由南向北倾斜,海拔1000~1400米。南部自东向西有贺兰山、龙首山、合黎山、马鬃山连绵环绕,北部是广阔的戈壁和洪果尔山,其间是广阔的沙漠,中部有东北-西南走向的雅布赖山,将其分隔开来。雅布赖山以西是巴丹吉林沙漠,雅布赖山以东自北向南分布有亚玛雷克沙漠、乌兰布和沙漠和腾格里沙漠。

黄河沿阿拉善盟东南侧流过,是全盟唯一的外流河。额济纳河发源于祁连山北麓,是境内唯一的季节性内陆河流,境内流程200多公里,主要有东、西两条分支,东为额木讷高勒,向北注入苏泊淖尔(东居延海);西为木仁高勒,向北注入嘎顺淖尔(西居延海)。此外,在广袤的沙漠中分布有大小湖盆500多个。

阿拉善盟深居亚洲大陆腹地,为内陆高原,远离海洋,周围群山环抱,暖湿气流不易到达,因而形成了典型的北温带大陆性干旱、极干旱荒漠草原气候。特点是干旱少雨,风大沙多,日照充足,四季分明,冬寒夏热,昼夜温差大。降雨量从东南部的200多毫米,向西北部递减至40毫米以下;而蒸发量则由东南部的2400毫米向西北部递增到4200毫米。蒸发量数倍于降水量,是造成这里气候干旱的直接原因。境内多吹西北风,年均风日70天左右，年均气温6～8.5摄氏度，年日照时数达2600～3500小时。

二 阿拉善盟地区历史简述

阿拉善高原地区最早的人类活动，可以追溯到距今1万年以前的旧石器时代。在雅布赖山脉特格几格、布布井、额勒森呼特勒、陶兰高勒等地的山洞中都发现了原始的手形岩画。岩画均为褐红色颜料渲染而成的阴形手印。其作画环境、颜料、方法等诸多方面与西方旧石器时代的西班牙卡斯提里奥洞窟岩画、法国加加斯洞窟岩画是非常相近的。这说明二者大体上属于同一社会发展阶段的艺术作品。

到了新石器时代，也就是距今8000～5000年之间的气候环境最适宜期，农耕文明一度向北扩展，其陶器制造技术的影响远波阿拉善高原。在巴丹吉林沙漠的边缘和腹心地带，分布有数量众多的大大小小的海子。距这些海子不远的沙地上，被风吹过的地表往往暴露出丰富的遗物，石核、石叶、石片、磨盘、磨棒、陶片等随处可见，其中不乏新石器时代遗物。据阿拉善右旗第三次全国文物普查成果，在巴丹吉林沙漠区域，这类遗存发现近50处之多。在贺兰山西麓的头道沙子遗址发现了仰韶时期的尖底瓶、浅腹钵残片和彩陶片[3]。在阿拉善左旗鹿圈山遗址也采集到客省庄文化的绳纹陶鬲。

阿拉善高原南部的河西走廊，水源充足，绿洲农业发达。它所孕育的四坝文化曾经繁盛一时。河西走廊的北界山势断续，中间有许多宽广的缺口。进入青铜时代，原来生活在河西走廊一带的四坝文化居民有的顺额济纳河北徙，有的穿越河西走廊北界的山口，来到阿拉善高原，在那里留下了他们生活的足迹。额济纳旗北部的巴彦陶来遗址就是一处内涵较为单纯的四坝文化遗址。另外，在阿拉善右旗巴丹吉林沙漠达布苏图和哈布塔盖两处湖泊附近均发现了典型的四坝文化遗物，如锯齿状口沿的灰陶罐、双耳红陶罐、双耳灰陶罐、四系彩陶罐等。与之大体同时，齐家文化的居民也来到了阿拉善高原东部的贺兰山西麓，据报道1958年曾在巴彦浩特以南的鹿圈山遗址发现了齐家文化的泥质红陶双大耳罐[4]。另外，阿拉善右旗文物管理部门曾经先后在巴丹吉林沙漠采征集到近乎完整的2件沙井文化陶鬲，这说明，属于青铜时代晚期的沙井文化，其影响也到了阿拉善高原地区。

秦末汉初，匈奴势力日渐强大，占据了阿拉善高原。从此，这里由右贤王等右方王将统领[5]。由于匈奴人不断南下侵扰，汉初北地、云中、雁门、代郡、上郡等北部边郡累受其害。汉武帝元光二年（公元前133年）起，西汉政府调整了对匈奴的斗争策略，连续主动出兵攻打匈奴。元狩二年（公元前121年），"将军去病、公孙敖出北地二千余里，过居延，斩首虏三万余级"（见《汉书·武帝本纪》）。在西汉王朝强大军事进攻的压力下，匈奴统治阶级内部矛盾激化。元狩二年（公元前121年）秋，匈奴昆邪王杀休屠王，并将其众合四万余人来降。西汉政府置五属国以处之。以其地为武威、酒泉郡。阿拉善高原广大地区始纳入西汉王朝管辖。根据谭其骧主编的《中国历史地图集》，今阿拉善盟广大地区在汉代均隶属于凉州刺史部，其中阿拉善左旗大部分地区和阿拉善右旗东南部部分地区属武威郡管辖，额济纳旗大部分地区和阿拉善右旗西南部部分地区属张掖郡管辖。事实上，根据2010年内蒙古自治区长城资源的初步调查成果来看，西汉时期在阿拉善高原地区所辖领土范围应当更大，因为在阿拉善左旗中部的哈鲁乃山沿线、阿拉善右旗北部的笋布日乌拉山沿线以及中部的雅布赖山沿线都发现有排列整齐的汉代烽燧、城障、天田、当路塞等军事防御设施。王莽统治时期和东汉年间，由于西北防线的不断南移，除局部地区仍归北地郡管辖外，实际上中原王朝已经放弃了对阿拉善高原大部分地区的统治，使这里一度成为鲜卑、羌等北方民族的游牧地。但是，额济纳河流域由于其重要的战略地位，一直在中原王朝的控制之下。始建国元年（公元9年），王莽改居延为居成，属辅成郡（即酒泉郡）管辖。东汉光武帝建武元年（公元25年），窦融为张掖属国都尉，管辖居延等地。汉献帝建安年间，在此设置西海郡，统领居延一县。

北周武帝保定年间（561～565年），在居延设置同城戍，治所在今额济纳旗大同城（中瑞西北科学考察团编号为"K789障"）。静帝大定元年（581年），隋国公杨坚篡权，建立隋朝。隋文帝开皇三年（583年），同城镇直接由西凉州统领。唐代，转属于甘州管辖。武则天垂拱二年（686年），安北都护府迁至同城，中宗景龙二年（708年），从同城迁出。大约此后，成立同城守捉。玄宗天宝二载（743年），升级为宁寇军[6]。德宗贞元六年（790年），沙陀突厥（原为西突厥属部）被吐蕃降服，不久摆脱吐蕃，自甘州（今甘肃省张掖市）投奔唐王朝，进入贺兰山区和鄂尔多斯高原。

北宋仁宗宝元元年（1038年），李元昊筑坛受册，即皇帝位，建立了西夏政权。西夏在全国设十二监军司，其中额济纳旗黑城东北隅小城为西夏黑水镇燕军司驻地。白马强镇军司的驻地，根据前人考证当在阿拉善左旗吉兰泰盐池附近。

西夏宝义元年（1226年），黑水镇燕军司陷落。元世祖至元二十三年（1286年），在额济纳河流域设置亦集乃路总管府，隶属于甘肃行省。元世祖至元二十二年（1285年）、至元二十五年（1288年），元朝先后两次征发新附军士共600人，在亦集乃路垦植屯田。

明太祖洪武五年（1372年），征西将军冯胜攻至亦集乃路（额济纳河流域），元军守将卜颜帖木尔投降，亦集乃归附明朝，划为张掖、酒泉边外地。明太祖洪武九年（1376年），明王朝始置宁夏卫，控制今阿拉善左旗部分地区。而这一时期阿拉善高原的大部分地区为蒙古瓦剌等部的游牧地。

清初，蒙古鄂尔多斯部额琳沁、固鲁岱青等游牧于阿拉善。顺治六年（1649年），因大扎木苏发动叛乱，额琳沁与同族六人率部从额济纳河流域和阿拉善地区移牧于今河套地区。康熙初年，蒙古准噶尔部首领噶尔丹在沙皇俄国的扶持下不断进攻漠南蒙古各部。康熙十五年（1676年），蒙古和硕特部鄂齐尔图汗为噶尔丹所败，所遗部众归属顾实汗之孙和罗理。为躲避噶尔丹的进攻，和罗理率部众迁徙到额济纳河流域游牧。康熙二十五年（1686年），和罗理奏请归顺，康熙皇帝赐牧阿拉善地区。自此，和罗理属部始定牧阿拉善，成为阿拉善和硕特蒙古。康熙三十六年（1697年），清王朝将和罗理部按四十九旗之例，编置佐领，册封和罗理为多罗贝勒，授札萨克印，正式设置阿拉善和硕特旗（辖境包括今阿拉善左旗和阿拉善右旗的全部、磴口县和乌海市乌达区，简称阿拉善旗），上不设盟。自此至1949年9月23日阿拉善旗和平解放，阿拉善旗共传九代十王。

康熙三十七年（1698年），游牧于伏尔加河流域的蒙古族土尔扈特部首领阿玉奇汗之侄阿喇布珠尔率500余部众赴西藏礼佛。因归路被准噶尔部阻挡，康熙四十三年（1704年）阿喇布珠尔率众内附，被清政府册封为固山贝子，赐牧于今甘肃省敦煌市一带。为躲避准噶尔部的不断袭扰，在清政府允许的情况下，阿喇布珠尔之子丹忠率部迁徙到额济纳河流域定牧。乾隆十八年(1753年)，清政府在此设置额济纳土尔扈特特别旗，直隶清廷理藩院管辖。自1704年始封阿喇布珠尔为固山贝子，至1949年9月27日额济纳土尔扈特特别旗和平解放，额济纳旗旧土尔扈特部共传十代十二王。

1911年，清朝灭亡。次年，中华民国政府成立。1913年阿拉善亲王塔旺布鲁克札勒、额济纳札萨克旗郡王达西先后承认中华民国政府的领导。1928年，国民政府设立宁夏行省，阿拉善和硕特旗、额济纳土尔扈特特别旗划归宁夏省管辖。1949年9月，阿拉善和硕特旗、额济纳土尔扈特特别旗和平解放。阿拉善旗由宁夏省管辖，额济纳旗初由甘肃省酒泉专署代管，1951年2月，复归宁夏省直辖。1950年10月，定远营更名"巴彦浩特"。1954年4月，宁夏省蒙古自治区正式成立，驻地巴彦浩特，由阿拉善旗和磴口县两个行政区组成。同年9月，宁夏省建制撤销，合并于甘肃省，刚成立不久的宁夏省蒙古自治区转隶于甘肃省，改称甘肃省蒙古自治区，后又改称甘肃省巴彦浩特蒙族自治州。额济纳旗也划归甘肃省管辖。1956年4月，国务院决定，甘肃省巴彦浩特蒙族自治州改为巴彦淖尔盟，划归内蒙古自治区，驻地巴彦浩特。同年6月，额济纳旗划归内蒙古自治区巴彦淖尔盟。1961年，撤销阿拉善旗，成立阿拉善左旗和阿拉善右旗。1969年，中共中央决定，将阿拉善左旗划归宁夏回族自治区管辖，阿拉善右旗和额济纳旗划归甘肃省管辖。1979年5月，中共中央恢复内蒙古自治区原行政区划，上述三旗重新划归内蒙古自治区。7月，国务院批准设立阿拉善盟，辖阿拉善左旗、阿拉善右旗、额济纳旗。

三　阿拉善盟文物考古事业的发展

阿拉善盟的文物考古工作最早是围绕汉代居延边塞和黑城展开的。神秘的东方古国，吸引了一批批来自海外探险家。额济纳旗的最早的探险活动可以追溯到19世纪末叶的清代晚期。1886年，俄国人波塔宁首度到达黑城，挖掘到银制的珍稀物品。1908年、1909年，俄国人科兹洛夫两次到达黑城，对黑城遗址进行了大规模的盗掘，挖开了90余座佛塔及其他众多遗迹，劫掠了多种文书、手稿、书籍、佛像、卷轴、金碗等大批珍贵文物。在此基础上，科兹洛夫编著了《蒙古、安多和死城哈喇浩特》一书。1914年，英籍匈牙利人斯坦因到达黑城，掘获了大量以汉文、西夏文、波斯文、回鹘文、西藏文书写的珍贵文书以及佛像、中统钞、雕版画、水墨画等。他将此次黑城探险的巨大收获发表在《亚洲的心脏》一书中。此外，在这次挖掘的基础上，先后有《斯坦因西域考古记》和《英藏黑水城文献》两书问世。1923年，美国人兰登·华尔纳又一次盗掘了黑城，获得了佛像、壁画、铜镜等文物，还绘制了古城平面图。

20世纪30年代，由中国和瑞典学者组成的中瑞西北科学考察团通过多次磋商，首次确定了"采集和挖掘的文物、动植物标本和矿物样品等均属于中国所有"的考察原则。这次，考察团在额济纳河流域的调查范围北起A1障（殄北候官），南至今甘肃金塔县的毛目绿洲，总长约250公里，对发现的每处遗迹都作了编号，并进行了简单的测绘。同时，还对包括A1障在内的26处遗址进行了试掘和清理。通过采集和试掘，获得汉简10000余枚及铜钱、铜镞、陶器、铁器、木器、织物残片等遗物。在此次考察工作的基础上，后来由瑞典学者波·索麦斯特罗根据贝格曼的原始记录整理出版了《内蒙古额济纳河流域考古报告》[7]。后来，中国社会科学院考古研究所将此次所获汉简整理，分别于1959年、1980年出版了《居延汉简甲编》、《居延汉简甲乙编》[8]。

新中国成立后，我国文物考古部门曾经多次对阿拉善盟的长城进行过调查，但调查范围一般多集中在额济纳河流域。1962～1963年，内蒙古文物工作队曾组织对额济纳旗进行考古调查，主要调查了黑城以及居延边塞东北端与汉外长城北线的连接情况。1973～1974年，在额济纳旗划归甘肃省管辖期间，甘肃居延考古队对A8障(甲渠候官)、P1烽燧(甲渠候官第四燧)、A32障(肩水金关)等3处遗址进行了发掘，收获了近20000枚汉简以及一批丰富的汉代遗物。这次发掘，不但首次揭示了候官、部、关址的形制与结构[9]，还先后有《居延新简释粹》[10]、《居延新简——甲渠候官与第四燧》[11]、《居延新简——甲渠候官》[12]等简牍学专著问世。此外，甘肃省文物工作队分别于1972年、1976年，对额济纳河流域南起金塔县双城子、北至居延海和布肯托尼以北地区进行了调查，发表了《额济纳河下游汉代烽燧遗址调查报告》[13]。

20世纪80年代第二次全国文物普查期间，阿拉善左旗、阿拉善右旗、额济纳旗等文化文物部门分别对辖区内的不可移动文物进行了较为全面的调查，所有成果均收录于《中国文物地图集·内蒙古自治区分册》一书中。

1983年，中国社会科学院考古研究所内蒙古工作队调查了额济纳河下游的部分居延边塞遗址。

1983～1984年，由内蒙古自治区文物考古研究所主持发掘了黑城遗址，揭露了城内主要部分的建筑基址，搞清了城址的建筑布局和历史沿革，出土了大量文书和珍贵遗物[14]，在此基础上出版了《黑城出土文书·汉文文书卷》[15]。

1999～2002年，由内蒙古自治区文物考古研究所主持对甲渠塞第七、九、十四、十六燧以及卅井塞T116烽燧进行了发掘，同时对第十七、十八燧等甲渠塞所属部分烽燧东侧灰堆进行了清理，收获500余枚汉简和较为丰富的汉代遗物。在此次考古工作的基础上，编辑出版了《额济纳汉简》一书[16]。

2006年，由中国国家博物馆航空遥感考古中心、内蒙古自治区文物考古研究所和中测新图低空数码有限公司组成的联合考古队，对A8障(甲渠候官)、A1障（殄北候官）、K822障（大方城）、K710城(居延城)、K749城(温都格城)、F84障(红城)、绿城、黑城以及部分汉代烽燧址，进行了航空数码遥感拍摄。

2007年，中国文化遗产研究院、内蒙古自治区文物考古研究所、北京大学城市与环境学院、甘肃省酒泉市文物局、阿拉善盟文化局、额济纳旗文化局、额济纳旗文物管理所、内蒙古自治区拓扑地理信息公司等单位组成联合考古队，对居延遗址群以及周边的地质地貌进行了详细的考察和测绘。考察区域北起中蒙边境策克口岸的乌兰松治烽燧，南抵甘肃金塔县鼎新机场西侧一线烽燧，考察范围南北长约180公里，东西宽约70公里，共调查烽燧88座、城障13座、佛塔及寺庙址13处、墓葬区3处以及房址、水渠、屯田区等遗迹16处。

根据国家文物局的统一部署，在内蒙古自治区文物局的领导下，2006年至2012年间，阿拉善左旗、阿拉善右旗、额济纳旗人民政府对各自辖区内的不可移动文物进行了一次比较全面的普查。在这次普查工作基础之上，阿拉善盟文化局包金同志主编了《草原文明的见证》系列丛书，包括阿拉善左旗、阿拉善右旗、额济纳旗三卷。

2007年至2011年，在国家文物局的统一领导下，内蒙古自治区长城资源调查项目组对分布于阿拉善盟境内的全部长城资源进行了全面系统的专题性考古调查。2013年出版的《内蒙古自治区长城资源调查报告·明长城卷》部分发表了此次明长城调查的一些成果。

这次由内蒙古自治区文物考古研究所编纂的《内蒙古文化遗产丛书·阿拉善文化遗产》也主要是利用了内蒙古自治区第三次全国文物普查和长城资源调查的基础性成果。

四 阿拉善盟文化遗产及其主要特色

在2006～2012年间开展的第三次全国文物普查中，阿拉善盟共调查登录不可移动文物点1250处，其中复查364处，新发现886处。目前，阿拉善盟的不可移动文物，有全国重点文物保护单位4处（其中黑城遗址并入居延遗址群），包含182个不可移动文物点；自治区文物保护单位16处，包含17个不可移动文物点；经不完全统计，先后公布盟旗级文物保护单位421处，包含579个不可移动文物点（不含已升为国保、区保的文物点）。

就阿拉善盟境内已发现的1250处不可移动文物来讲，主要有以下两大特色：

一是军事防御性质突出，具有鲜明的边防特色。据内蒙古自治区长城资源调查成果的初步统计，阿拉善盟有汉代、西夏、明代长城墙体共170余公里，壕堑近50公里，天田570余公里，烽燧500余座，障城（关堡）50余座，敌台30余座，约占全盟不可移动文物总量的一半以上。此外，还有20世纪60年代遗留下来的8座军事掩体。二是岩画艺术精彩纷呈。生活在阿拉善高原的先民们在绵绵山脉中留下了丰富的绘画作品。通过第三次全国文物普查，全盟共登记岩画类文物点105处，其中仅曼德拉山岩画群一处就有岩画4234幅，既有刻画的一丝不苟的狩猎图，也有构思巧妙的人类生息繁衍图，还有生动传神的部落交战图。这些岩画时代从早到晚，最早可追溯到旧石器时代，最晚有"文革"时期的作品。成群的山羊、整齐的驼队、待产的母马、展翅的雄鹰描摹的是他们生活中最动人的景象，征战、围猎、放牧、舞蹈是对他们日常生活的真实写照，太阳神像表现了他们对自然界的认知和崇拜。一幅一幅的画面，连缀出阿拉善先民从远古走来的图景，它们正如一部刻在石面上的史书，记录下了不同历史时期的生活和信仰。

注释

[1] 阿拉善左旗地方志统筹委员会：《阿拉善左旗志》，内蒙古教育出版社，2000 年。

[2] 任美锷主编：《中国自然地理纲要》（修订第三版），商务印书馆，2009 年。

[3] 李国庆、巴戈那：《阿拉善左旗头道沙子遗址调查》，《内蒙古文物考古》，2004年第1期。

[4] 齐永贺：《内蒙白彦浩特发现的齐家文化遗物》，《考古》1962 年第 1 期。

[5] 阿拉善左旗地方志统筹委员会：《阿拉善左旗志》，内蒙古教育出版社，2000 年。

[6] 孟宪实：《从同城镇到宁寇军》，沈卫荣主编《黑水城人文与环境研究》，中国人民大学出版社，2007 年。

[7] Bo Sommarstrom, *Archaeological Researches in the Edsen-gol Region Inner Mongolia*, Stackholm, 1956—1958.

[8] 中国科学院考古研究所：《居延汉简甲编》，科学出版社，1959 年；中国社会科学院考古研究所：《居延汉简甲乙编》，中华书局，1980 年。

[9] 甘肃居延考古队：《居延汉代遗址的发掘和新出土的简册文物》，《文物》1978 年第 1 期。

[10] 甘肃省文物考古研究所编，薛英群、何双全、李永良注《居延新简释粹》，兰州大学出版社，1988 年。

[11] 甘肃省文物考古研究所、甘肃省博物馆、文化部古文献研究室、中国社会科学院历史研究所：《居延新简——甲渠候官与第四燧》，文物出版社，1990 年。

[12] 甘肃省文物考古研究所、甘肃省博物馆、中国文物研究所、中国社会科学院历史研究所：《居延新简——甲渠候官》，中华书局，1994年。

[13] 甘肃省文物工作队：《额济纳河下游汉代烽燧遗址调查报告》，《汉简研究文集》，甘肃人民出版社，1984 年。

[14] 内蒙古自治区文物考古研究所、阿拉善盟文物工作站：《内蒙古黑城考古发掘纪要》，《文物》1987 年第7期。

[15] 李逸友编著：《黑城出土文书·汉文文书卷》，科学出版社，1991 年。

[16] 魏坚主编：《额济纳汉简》，广西师范大学出版社，2005 年。

文化遗产

文化遗产 目录

旧石器时代

阿拉善盟境内旧石器时代文物遗址数量较少，只有五处手形岩画，均发现于阿拉善右旗雅布赖山脉诸峰的洞穴或石质壁面上。画面由褐红色颜料渲染的阴形手印组成，分布一般比较集中，数量从几个到二十几个不等，多为左手手形，右手数量较少。其作画环境、使用颜料、成图方法等诸多方面都与西方旧石器时代的手印岩画非常相近，这说明二者大体属同一社会发展阶段的艺术作品。手形岩画在洞窟中以彩绘的形式出现，具备人类艺术起始阶段的一些基本特征，在人类绘画史上开启了美学艺术的先声。其中布布手印岩画、额勒森呼特勒手印岩画、陶兰高勒手印岩画保存较好，手印数量较多，手形清晰。这些岩画的发现，填补了我国没有彩绘手印岩画的空白，为社会意识形态、原始宗教、史前艺术等方面的研究提供了宝贵的实物资料。

⫴ 1 ⫴ 阿拉善右旗布布手印岩画群 ────

撰稿：孙斯琴格日乐　范荣南
摄影：范荣南　张有里

内蒙古自治区重点文物保护单位。

位于阿拉善右旗雅布赖镇巴音笋布尔嘎查西南9.6公里处，岩画坐落在海拔1674米的一座山峰顶部的布布井洞窟内。山峰东侧有一条季节性河水冲刷的河沟，北侧为广袤的戈壁沙丘地带。

"布布"为蒙语，匣子之意，用于地名，是盛放宝物的地方。布布洞窟高2.28、宽3.2、洞深2.10米。岩画涂绘在岩洞的顶部，颜色为褐红色，共发现手印11个，其中左手9个，右手2个。最大的手印长22、宽12厘米，最小的长15、宽10厘米。岩画描绘的方法是先将手掌压于石壁，再于手掌周围喷上红色的颜

远景

局部

料使之显出阴性的手形。

关于岩画题材中出现彩绘手印岩画的问题，很早以前就引起了国内外学者们的关注。有的学者认为彩绘手印岩画是人类无意识留下的或是游戏，也有学者则认为彩绘手印岩画可能与咒术或宗教仪式活动有关。而布布手印岩画是国内首次发现此类艺术作品。类似的手印岩画在西方旧石器时代的西班牙卡斯提里奥洞窟岩画、法国加加斯洞窟岩画中也有发现。这些岩画无论在作画环境、作画的颜料、手印的形状，以及制作手法上，都与布布洞窟手印岩画相似，这足够说明二者年代上大体是相近的，距今30000年至13000年。

手印岩画是原始人类最初产生的审美意识的形体化，是原始阶段的艺术图像，也是当地古代艺术家作画的最古老的题材之一。布布手印岩画的发现，填补了我国没有彩绘手印岩画的空白，为我国手印岩画和史前艺术的研究提供了珍贵的实物资料，对世界范围内手印岩画的研究也具有一定的意义。

‖‖ 2 ‖‖ 阿拉善右旗额勒森呼特勒手印岩画群

撰稿：孙斯琴格日乐　范永龙
摄影：范荣南　张有里

内蒙古自治区重点文物保护单位。

位于阿拉善右旗曼德拉苏木锡林布拉格嘎查西南14.7公里的纳仁高勒额勒森呼特勒洞窟中，距孟根苏木所在地约73公里，南邻雅布赖山，北靠巴丹吉林沙漠。

"额勒森呼特勒"为蒙语，意为"沙坡"。洞窟坐西朝东，洞口宽5.2、进深24、高3米。洞内穴壁有烟熏痕迹。岩画位于山洞顶部，共发现27个手印，包括左手23个，右手4个；其中2个带有手臂。多为褐红色颜料渲染的阴形手印，只有1个手印周边呈黑色。这些手印有的成组分布，有的则孤立的见于一处。根据手形来判断，其制作方法是，将手压在石面上，以赭石粉为颜料，将动物的血和水调和成液体，然后用管状物在石龛上吹制而成。

远景

额勒森呼特勒山洞洞口处

近景

额勒森呼特勒手印岩画与布布手印岩画、西班牙卡斯提里奥洞窟岩画，在题材内容、作画手法、使用颜料方面都很相似，说明时代是大体接近的，均属于旧石器时代的艺术作品。据有关专家和学者推断，其年代距今30000年至13000年。

我国发现的岩画很多，但手形岩画较少，手形岩画在洞窟中以彩绘的形式出现，具备人类艺术起始阶段的一切基本特征，在人类绘画史上开启了美学艺术的先声。额勒森呼特勒手印岩画的发现，为社会意识形态、原始宗教、美术学等方面的研究提供了宝贵的实物资料，有着重要的史料价值和科研价值。

3 ▐▐▐ 阿拉善右旗陶兰高勒手印岩画群

撰稿：孙斯琴格日乐　范荣南
摄影：范荣南　张有里

远景

阿拉善盟重点文物保护单位。

位于阿拉善右旗雅布赖镇西尼呼都格嘎查西北约12.6公里的雅布赖山脉腹地，雅布赖苏木西南约13公里处。距岩画点东南50米处有一条东西走向的河沟，当地人称为"陶兰高勒"，汉语为"胡杨河"之意。岩画就分布在这条河沟北侧山腰的一处山洞中。此处群山环绕，受风蚀所致，岩石多呈现出各种奇形怪状的动物形象，这些景象展现了大自然的奇特之美，雄伟之美，狂野之美。

洞内共发现23个红色露地阴形手印和一个符号，多数印在山洞顶部、少数见于穴壁上。岩画均表现出五个手指，有的带手臂，有的仅绘手掌。由于岩画涂绘在洞窟内壁，无阳光照射和雨水冲刷，多数手印清晰可辨，仅有少数几个因风化而有些模糊。

陶兰高勒手印岩画群是继布布手印岩画群、额勒森呼特勒手印岩画群之后发现的第三处彩绘手印岩画群。著名古生物学家裴文中先生所著的《旧石器时代艺术》中，曾将西欧洞窟中的手形列入原始艺术之中，他认为这些手形是最早的"黑影艺术"。我国发现的这三处手印岩画当与之属同一社会发展阶段的作品，它向人们展示了最初的审美意识以及我国艺术之晨的情景，也为我国原始艺术的研究提供了可靠的依据。

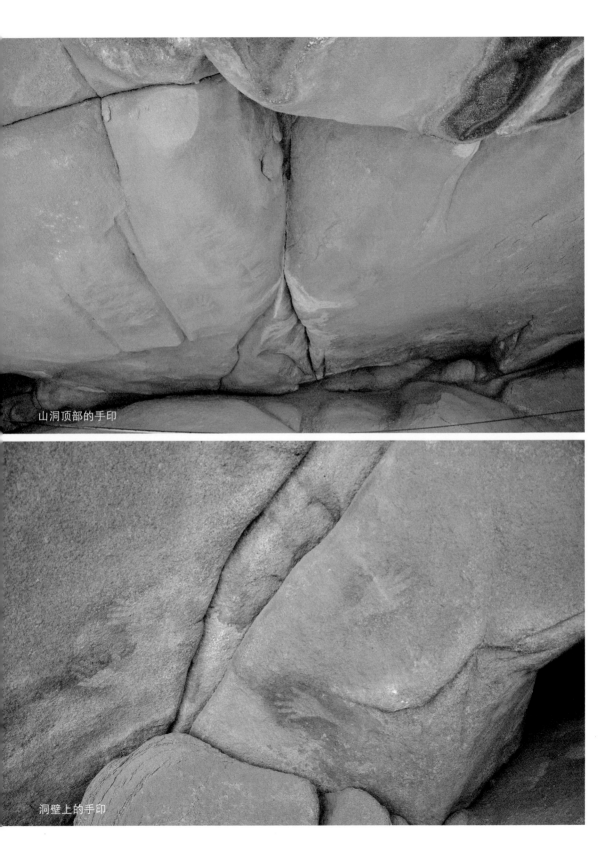

山洞顶部的手印

洞壁上的手印

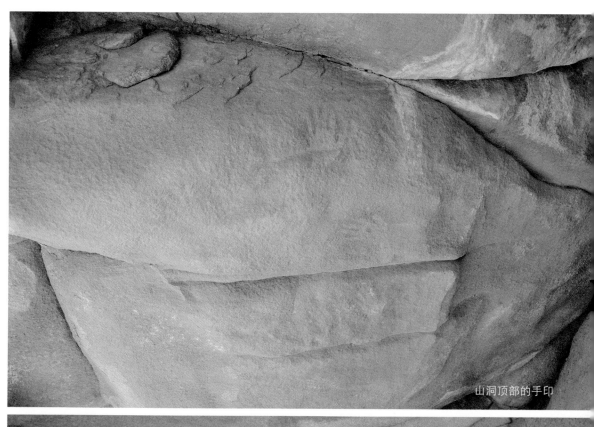
山洞顶部的手印

洞壁上的手印

新石器时代

阿拉善地区新石器时代的文物点数量较旧石器时代大幅度增加，有八十余处。类型也相对丰富，包括古遗址六十余处，岩画二十余处。遗址一般发现于靠近水源的沙漠地带，被风吹过的地表往往暴露出较为丰富的遗物，有石核、石叶、石片、磨盘、磨棒、陶片等，在有些遗址还可以采集到彩陶片。从陶片特征来看，阿拉善高原的新石器时代遗存与甘青地区同时期考古学文化有着密切的联系。其中阿拉善左旗的头道沙子遗址、苏宏图遗址、阿拉善右旗的象根吉林遗址，面积较大，地表遗物散布范围均在10万平方米以上；鹿圈山遗址出有客省庄文化陶鬲。岩画群均分布于大大小小的山体上，题材以人面像和太阳神像为主，着重于表现阿拉善地区原始先民的精神意识层面。其中敖包扎德盖岩画群发现了特征鲜明的太阳神像，头形轮廓外常见一周放射状的短线，象征太阳神的神圣灵光。这处岩画群凿刻手法简单、粗犷，内容多样，风格独特，是研究阿拉善岩画历史不可多得的宝地。

4 阿拉善左旗鹿圈山遗址

撰稿：张新香 胡春柏
摄影：张海斌

位于阿拉善左旗巴彦浩特镇鹿圈山西南麓。

遗址分布在山的南坡。1958年秋曾先后两次在这里发现石器和陶器。陶器出于距地表1米深的土层中，土质疏松，有泥质红陶双大耳罐1件、夹砂灰陶双耳罐1件、绳纹灰陶单耳鬲1件、陶盏形器1件。在此处以南约200米，采集到石磨盘和磨棒各1件。1992年，村民取土过程中又发现了5件较为完整的陶器。有夹砂灰陶绳纹圜底罐3件、泥质红陶素面圜底罐1件、夹砂灰陶绳纹鬲1件。其中夹砂灰陶绳纹鬲，单把，有领，除领口部位抹光外，通体拍印绳纹与分布在关中地区的客省庄文化同类器造型风格相近；泥质红陶素面双大耳罐为典型的齐家文化遗物。

鹿圈山遗址的发现，为认识阿拉善高原东部地区新石器时代晚期到青铜时代早期的文化面貌提供了重要资料。

圜底陶罐

陶鬲

部分陶器出土现场

▓ 5 ▓ 阿拉善左旗头道沙子遗址

撰稿：胡春柏　巴戈那
摄影：曹格图

阿拉善左旗重点文物保护单位。

位于阿拉善左旗巴彦浩特镇苏亥呼布嘎查西北约16.2公里处，地处腾格里沙漠东缘的沙丘地带，北邻高大的沙山，地表沙砾遍布，鲜见植物生长。在东西长500、南北宽420米的范围内，散落有较多的夹砂或泥质红褐陶和灰褐陶残片、动物骨骼、青砖碎片及少量铁器碎片等。

头道沙子遗址自1999年发现以来，阿拉善盟博物馆先后多次进行调查，采集到

遗址远景

石磨盘、石磨棒

石磨盘

单耳陶罐

较为丰富的遗物。石器既有打制，也有磨制，器形有斧、锛、凿、镞、石球、石片、石叶、磨盘、磨棒等，其中圆角长方形石磨盘和半月形磨棒独具特色。陶器以红褐陶数量居多，灰褐陶次之。按质地可分为夹砂陶和泥质陶，前者在数量上略多。纹饰以绳纹最为常见，也有一定数量的压印纹、附加堆纹、篮纹、波折纹。彩陶较少，以黑彩为主，红彩次之。可辨器形有单耳罐、尖底瓶、锯齿口沿罐、筒形罐、花边口罐、侈口罐、直领罐、斜腹罐、钵、瓶、鬲、瓮、纺轮等。其中尖底瓶、浅腹钵和彩陶属于仰韶文化因素，而花边口沿的作风则见于分布在鄂尔多斯高原的朱开沟文化。据此，可以将该遗址的年代定在新石器时代和商周时期。

头道沙子遗址面积较大，地表遗物丰富，它的发现为认识阿拉善高原地区新石器时代到青铜时代的文化面貌和人类活动提供了不可多得的实物资料。

‖‖‖ 6 ‖‖‖ 阿拉善左旗苏宏图遗址

撰稿：胡春柏
摄影：曹格图

阿拉善盟重点文物保护单位。

位于阿拉善左旗乌力吉苏木温都尔毛道嘎查北约24.38公里处。

苏宏图遗址总面积约12万余平方米，由于地处阿拉善高原北部的亚玛雷克沙漠地区，地表多流动沙丘，沙砾漫布，遗迹或已被流沙掩埋，或已破坏不存，从地面调查来看已寻不见任何迹象。部分未被沙丘覆盖之处，地势相对低平，狂风将细沙吹走，即已暴露出原始地表，各类遗物俯拾即是。在东西长400、南北宽320米的范围内，密集地散布着精美的细石器、陶器残片和动物骨骼等。细石器主要有石核、石叶及加工石质工具时剥落的细小石片等；陶片主要有夹砂红陶和夹砂灰陶，其中夹砂红陶片表面饰有或粗或细的绳纹，夹砂灰陶片上带有黑色图案；动物骨骼有被火烧过的痕迹。

从地表遗物分布范围及陶片特征初步判断，这是一处规模较大的史前时期聚落遗址，当以新石器时代遗存为主。它的发现不但有助于我们了解该地区新石器时代的文化面貌，而且对研究阿拉善高原北部亚玛雷克沙漠地区早期人类活动具有非常重要的意义。

遗址全景

地表遗物

石杵

石核

▏▎7▏▎阿拉善右旗象根吉林遗址

撰稿：范永龙　胡春柏
摄影：范荣南　张有里

阿拉善右旗重点文物保护单位。

位于阿拉善右旗雅布赖镇呼和乌拉格嘎查东北约78.6公里处，坐落在巴丹吉林沙漠腹地象根吉林湖泊北约300米处，四周为连绵起伏的沙山，西面沙山尤为高大，地表植被稀疏低矮。

在东西长约500、南北宽约500米相对平坦的一块沙地上散布着丰富的陶器残

遗址全景

片和细石器等遗物。从陶片来看，陶器
以红陶系为主，有夹砂红陶素面陶片、
泥质红陶口沿残片，也有少量的夹砂黄
褐陶器底残片。另外，在地表上还拾得
一些彩陶片，皆红地黑彩，彩陶装饰有
黑带彩和斜向交叉形成的网格纹，其中
一块彩陶片上留有榫接器耳的痕迹。石
器主要是细小的石叶和石片。从陶片特
征来看，象根吉林遗址的年代大体不早

于马家窑文化马厂类型。

象根吉林遗址是分布于巴丹吉林沙漠
腹地的一处较有代表性的新石器时代遗
址，它的发现不仅有助于了解内蒙古西北
部阿拉善高原地区新石器时代的文化面貌
和人类活动状况，也为探索巴丹吉林沙漠
地区早期人类活动与生态环境的互动关系
提供了丰富的材料。

ⅢⅢ 8 ⅢⅢ 阿拉善左旗敖包扎德盖岩画群

撰稿：孙斯琴格日乐　张震洲
摄影：杨清亮

全景

阿拉善盟重点文物保护单位。

位于阿拉善左旗巴彦诺日公苏木陶力嘎查西南约8.5公里的敖包扎德盖小山上，其西、南两侧为沙漠，北侧为荒漠草原，处于荒漠、半荒漠交界地带。

岩画主要分布在呈东南—西北走向的敖包扎德盖山西、南两侧石壁上。在长800、宽300米的范围之内，发现保存较好的岩画有100幅，大部分集中在山脉西

人面像

端，个别沿山脉走向零星分布。其石质为花岗岩，表面发黑，刻痕较深，图案清晰可辨。从画面内容及制作方法来看，该岩画群包含了不同时期的作品。早期的一些人面像岩画多为磨刻法制作而成，晚期动物及人物岩画制作手法多为凿刻。总体来说，这批岩画画面较为完整，只有少部分受人为破坏而有残缺。

该岩画群最具有代表性的作品有人面像、脸谱图案以及两幅人身蝎尾造型图案。这类岩画所描绘的可能是古代先民信仰的天神，最大的特点是在诸多头像之上或左右两侧，有一簇簇、一颗颗圆窝形的星星，象征着众神居于繁星密布的苍穹，高高在上。从一些神像的形象看，在他们的头形轮廓外常见有一周放射状的短线，象征太阳神的神圣灵光。敖包扎德盖岩画群的人面像，大约就是古代先民敬祭的天神。

这处岩画群凿刻手法简单、粗犷，内容多样，风格独特，是研究阿拉善岩画历史的重要材料。

太阳神像

‖‖‖ 9 ‖‖‖ 阿拉善左旗阿拉腾哈日根山岩画群

撰稿：孙斯琴格日乐　张震洲
摄影：杨清亮

阿拉腾哈日根山岩画群

舞蹈图

阿拉善盟重点文物保护单位。

位于阿拉善左旗敖伦布拉格镇查干德日斯嘎查东北约16.2公里处。阿拉腾哈日根山呈南北走向，海拔高度在1000米以上，南侧为广袤的沙漠草原。

岩画群分布在阿拉腾哈日根山脉较为平整的黑色岩石上，在南北长80、东西宽50米范围内共发现岩画22幅，均为凿刻法制作而成。画面内容有舞蹈、围猎，以及符号等。其中舞蹈图案风格最为独特，舞者手拉手、肩并肩，动作协调一致，富有极强的韵律感，形象生动地反映了古代先民集体舞蹈的热烈场面。由于常年受风雨侵蚀等自然环境的影响，少数岩画出现裂缝。

根据画面题材、人物形态、作画手法和色泽等各方面初步推测，该岩画群的年代最早可追溯到新石器时代，延续至战国、秦汉时期。它的发现，为研究我国北方先民的宗教、美术、舞蹈等问题提供了可靠而形象的实物资料。

狩猎图

‖10‖ 阿拉善右旗布德日根岩画群

撰稿：孙斯琴格日乐　范荣南
摄影：范荣南

阿拉善右旗重点保护单位。

位于阿拉善右旗阿拉腾敖包镇恩格尔乌苏嘎查东南约14.5公里处的丘陵地带，海拔高度在1200米以上，周围是广阔无垠的戈壁，地势较平坦。"布德日根"系蒙语，意为"珍珠猪毛草"，一种植物。

岩画主要落刻在黑色的丘陵石壁和水沟两岸的岩石面上，在方圆1.5平方公里的范围内共发现岩画100余幅。其主要内容有太阳神、人面像、动物和符号等。造

太阳神像

龟

型技法各不相同，有凿刻，也有磨刻。线条粗犷、古朴，色泽独特。在同一处石面上并排刻划的两个太阳神是该岩画群最为精彩的作品，两个太阳神图案，左右排列，眼睛和嘴均以圆圈表示，刻画出鼻孔，头顶有太阳的光冠向外伸出。太阳神取材于太阳的自然形态，之后发展成为人面加太阳光冠的形象。太阳神岩画是远古人类对世界本质模糊认识的表现，是一种自然崇拜。根据画面内容来看，该岩画群为新石器时代中晚期到青铜时代的作品，画面生动，刻工精细，内容独特。

人面像

⫴11⫴ 阿拉善左旗科学井岩画群

撰稿：孙斯琴格日乐　张震洲
摄影：曹格图

阿拉善盟重点文物保护单位。

位于阿拉善左旗巴润别立镇巴彦朝格图嘎查南约13.78公里，所处环境为贺兰山余脉低山丘陵区，山坡多为黄土覆盖，生长有稀疏的耐旱植物。

岩画群主要分布在南北长30、东西宽85米的山体两侧石壁上，共发现岩画二十余组。最大一幅刻于长1.1、宽0.8米的石面上。这批岩画分属早、晚两期作品。早期岩画共六幅，采用磨刻法作画，线条粗而深，断面呈"V"字形。内容以太阳神图案和面具图案为主，其余为符号图案。科学井人面岩画是模仿人脸和兽面磨刻而成。在古代，人面像是化身为神灵的一种手段，人只要戴上面具，便化身成为神鬼、祖先或者图腾，通过艺术化的人面像或面具，能达到抑恶扬善的目的。晚期岩画为"文革"时期所刻，由凿刻法绘制而成，内容主要为毛主席语录、放牧图、骑者、羊、骆驼、符号、民族图案等，部分岩画下方留有具体的作画年代。这处岩画群的发现，对于研究古代北方民族的原始信仰和精神生活具有重要意义。

太阳神像

人面像

科学井岩画群

人面像

‖12‖阿拉善右旗海日很岩画群

撰稿：孙斯琴格日乐　范荣南
摄影：范荣南

阿拉善盟重点文物保护单位。

位于阿拉善右旗阿拉腾敖包镇布勒呼木德勒嘎查西约25.2公里，南1.5公里处是海拔1000米以上的海日很山。"海日很"为蒙语，意为"圣山"。

岩画群分布在南北长3、东西宽2公里的一条山沟两侧的石壁和山坡岩石上。

目前发现的岩画有三百余幅，画面纹痕较深，图案内容清晰可辨，保存状况较好。主要采用的手法为敲凿技术，也有磨刻法。题材内容以人面神像、太阳、符号、骑者为主，也有羊、牛、骆驼、放牧、车辆等图案。人面像题材在海日很岩画中占着十分重要的地位，种类繁多、形状各异，有方形、圆形和椭圆形。面部刻画眼睛、口、鼻等，也有的头顶部带有装饰。关于岩画题材中出现人面像的问题，有关学者认为是远古人类的祖先崇拜、偶像崇拜的一种文化艺术形式。骑者是海日很岩画中常见的画面之一，主要有出行图、骑牧、骑猎等众多的内容。这些画面充分表现了北方游牧民族以马作为主要的交通工具和役力的重要来源。

根据岩画的题材风格、图案内容，初步判断其年代为新石器时代至汉代早期。海日很岩画是1987年文物普查时发现。1988年至1989年，盖山林、桥英·扎木素、阿·巴音达来等专家对海日很岩画进行过考察。之后盖山林先生在《巴丹吉林沙漠岩画》一书中，对其中部分岩画做过详细的介绍。

人面像

人面像

部分画面

骑者

青铜时代

青铜时代的文物点三十余处，包括遗址十余处、岩画二十余处。遗址一般发现于沙漠地带，受风蚀作用部分遗物暴露于地表，有陶片、石器、贝壳制品及动物骨骼等。根据在巴彦陶来遗址、达布苏图遗址、巴润扎哈吉林遗址，以及鹿圈山遗址等处采集或清理出土的完整陶器来看，青铜时代分布在阿拉善高原的考古学文化主要是发源于甘青地区的四坝文化、齐家文化和沙井文化。岩画主要刻绘于大大小小的山体石壁上，题材以牛、羊、马、鹿、骆驼、骑者为主，着重于表现古代游牧民放牧、狩猎等生产、生活场景。其中曼德拉山岩画群分布在东西长6、南北广3公里的黑色玄武岩脉上，共发现保存较好的岩画4200余幅。图案以动物图像为主，有马、牛、鹿、骆驼、盘羊、山羊、黄羊以及飞禽等数十种。曼德拉山岩画数量多、分布密集、内容丰富、题材多样、画面清晰、艺术造诣精湛，堪称世界岩画宝库中的稀世珍品，被誉为"曼德拉山岩画走廊"和"美术世界的活化石"。

‖13‖ 额济纳旗巴彦陶来遗址

撰稿：傅兴业　张文惠
摄影：傅兴业

位于额济纳旗达来呼布镇乌荣苏贵嘎查东约16公里处，西北距巴彦陶来农场约10公里，东北约8公里处是古居延泽，西北约3公里处是额济纳河下游支流班布尔河，西北约5公里处有临策铁路。遗址分布在沙漠地带，四周是连绵起伏的沙丘，由于风蚀作用，部分遗物暴露在原来的地表，在东西长300、南北宽200米的范围内散布有较多的红陶片、石器、贝壳制品及动物骨骼等。2009年至2011年，额济纳旗文物管理所曾三次对该遗址进行了调查，采集到较为丰富的遗物。

陶片以夹砂红陶和泥质红陶为主，也有少量的夹砂灰陶和褐陶。夹砂红陶烧制

全貌

火候较低，质地疏松。泥质红陶烧制火候较高，质地较坚硬。纹饰以绳纹、附加堆纹为主。可辨器形有单耳罐、双耳罐、带流壶、盘、器盖、网坠等，器耳发达。彩陶以红地黑彩为主，可辨器形只有单耳罐一种，装饰纹样有三角纹、折线纹、条带纹。石器既有打制和磨制石器，也有压制的细石器。打制石器有斧、锛、纺轮等；磨制石器有刀、斧、凿、杵、石球、磨棒、砺石、饼形器、针等；压制石器主要有石叶、石核、石片、石镞等。

巴彦陶来遗址规模较大，地表遗物丰富，虽然未经过正式发掘，但采集到的几件可复原陶器，文化特征鲜明。夹砂红陶和泥质红陶素面单耳罐、矛头形彩绘器盖以及彩陶图案等均与民乐东灰山遗址存在相似之处。据此判断巴彦陶来遗址的年代大体与四坝文化相当，应处在青铜时代早期，文化面貌表现出与河西走廊同时期考古学文化的一些共性。该遗址的发现对于认识额济纳河下游乃至阿拉善高原地区青铜时代早期的文化面貌具有重要意义。

单耳陶罐

单耳陶罐

彩陶罐

双耳陶罐

‖14‖阿拉善右旗达布苏图遗址

撰稿：范永龙　胡春柏
摄影：范荣南

遗址远景

阿拉善右旗重点文物保护单位。

位于阿拉善右旗雅布赖镇巴丹吉林嘎查西南约13公里处的沙漠腹地，西北距雅布赖镇政府所在地约50公里。

遗址四周沙山环绕，连绵起伏，西面沙山较为高大，其余三面均为沙坡。在南北长约200、东西宽约100米的沙地上密集地散布着大量的陶片和细石器等遗物。细石器主要有精美的石叶、石核和石片等。

花口灰陶罐

双耳陶罐

双耳陶罐

标本

陶片以夹砂灰陶为主，夹砂红陶次之，也有少量的泥质灰陶、泥质红陶和彩陶。其中夹砂灰陶质地比较粗糙，表面多饰有绳纹。夹砂红陶质地相对较细，部分陶片表面饰细绳纹。彩陶均为红地黑彩，其中一块彩陶器的颈部残片上饰有斜线交叉网格纹。

2013年，当地文物管理所再次对该遗址进行调查时，采集到红陶双耳罐和灰陶双耳罐各1件、花口灰陶罐1件。从地表遗物的散布范围、陶片特征以及采集的三件陶器来看，这里可能是一处具有一定规模的聚落遗址，包含了新石器时代和青铜时代的遗存。另外，在遗址西约200米处有一个咸水湖，名为"达布苏图"。曾经的达布苏图湖可能是形成该遗址重要的水源条件。因为沙漠地区蒸发量和降水量相差悬殊，在几千年的时间里湖水中日益增加的盐分含量可能足以使它由淡水湖转变为咸水湖。所以该遗址的发现，不仅有助于我们了解内蒙古自治区西北部阿拉善高原地区新石器时代到青铜时代的文化面貌及其与周邻地区考古学文化的关系，同时也为探讨巴丹吉林沙漠地区几千年来的生态环境变迁及其与人类活动的密切关系提供了基础材料。

‖15‖阿拉善右旗巴润扎哈吉林遗址 ——————

撰稿：胡春柏　范永龙
摄影：范荣南

阿拉善右旗重点文物保护单位。

位于阿拉善右旗雅布赖镇巴丹吉林嘎查东北约15.2公里处的沙漠腹地，为2008年由内蒙古自治区文物考古研究所、国家博物馆遥感与航空摄影考古中心、阿拉善盟博物馆、阿拉善右旗文管所组成的联合考古队进入巴丹吉林沙漠进行考古调查时发现。

遗址处于巴润扎哈吉林海子东北约1.2公里一块较为平缓的沙坡上，四周沙山环绕，连绵起伏，西侧沙山较为高大。由于近来气候恶化，巴润扎哈吉林海子已

遗址远景

标本

经完全干涸，留下一片白茫茫的盐渍土。在1平方公里左右的范围内散布着丰富的陶片和细石器等遗物。陶片以夹砂红陶系为主，也有一些泥质红陶、夹砂灰陶和泥质灰陶残片，其中少数为器物口沿残片，有一块口沿上可见残损的环形器耳。纹饰以绳纹为主，也有相当一部分为素面。另外还采集到几块彩陶片，以红地黑彩为主，装饰纹样有黑带彩的网格纹。此外，调查工作中还征集到该遗址出土的完整的沙井文化绳纹袋足鬲1件，口部较小，袋足肥硕，通体拍印细密的绳纹，鬲足分档处饰附加堆纹。石器主要有精美的石叶、石核等。

巴丹吉林遗址的发现不但有助于了解内蒙古自治区西北部阿拉善高原地区史前时期的文化面貌，而且为探讨该地区与周邻地区的文化交流提供了材料和线索。

陶鬲

‖16‖ 阿拉善右旗伊克尔布日岩画群

撰稿：孙斯琴格日乐 范荣南
摄影：范荣南

阿拉善右旗重点文物保护单位。

位于阿拉善右旗额肯呼都格镇萨布日台嘎查东南约18.2公里的伊克尔布日山上。"伊克尔布日"为蒙语，"伊克尔"意为"双"，"布日"意为"圈"，因此

地有两个石头垒筑的羊圈而得名。

岩画群分布于龙首山北麓伊克尔布日山上，在长约40米的石壁上，共发现岩画五十余幅。画面内容有牛、羊群、马、骆驼、骑者、人、围猎等。由于风雨侵

伊克尔布日岩画群

羊群

羊群

蚀、强光照射致使石块分化，部分画面模糊不清。根据画面内容和风格初步判断，该岩画群为青铜时代作品。

这处岩画群中有相当一部分画面表现的是当时放牧的场面，较为细腻地刻画了游牧者驱赶羊群的游牧生活情景。岩画真切形象地展现了古代游牧民族的生产、生活，为我们了解内蒙古阿拉善地区古代游牧经济提供了较为可靠的资料。

骆驼、牛

‖17‖阿拉善左旗敖伦布拉格岩画群

撰稿：张文惠　孙斯琴格日乐
摄影：巴戈那

阿拉善盟重点文物保护单位。

位于阿拉善左旗敖伦布拉格镇巴彦哈日嘎查西南约11.7公里处，地处丘陵地带，海拔高度近1400米。"敖伦布拉格"为蒙语，"山泉"之意。

岩画群分布在乌日图乌兰山南侧的黑色石块上，在东西长500、南北宽300米的范围之内，共发现岩画133组。岩画制作手法上，多数采用了点上落点的凿刻技法，也有轮廓法。画面中用轮廓线勾画动物形状，身体部分不加凿刻，有些轮廓线内以竖道和圆圈纹作为装饰。画面内容有虚幻动物、孕马、花豹、骆驼、骑马舞者、符号、图案、手拿皮鞭的人物、藏文、蒙文等。根据岩画的题材内容，画面结构、色泽等方面考察，初步判断其年代为青铜时代。

敖伦布拉格岩画群中最引人瞩目的岩画为虎身、鹰啄组成的虚幻动物。这幅虚幻的虎岩画构图精细，线条流畅、繁缛，

全景

对马图

马

夸张的鹰啄向内弯曲，虎身刻画竖道纹，长尾下垂，前后腿前伸作潜伏状，前方为一匹马。在虎岩画一丝不苟的敲凿线条中凝结着制作者深沉的情感和心里愿望，似乎是在这种情感驱动下创作的极具想象力的艺术品。有学者认为，虎岩画是虎图腾的象征物，以虎为图腾的部落或氏族认为虎能保佑他们不会受到伤害，因而推崇，刻画在岩石上，应与图腾崇拜仪式活动有关。

敖伦布拉格岩画用岩刻的方式记录了人类的远古文明，并为艺术史、史前史、人类学、原始宗教史等多种学科的研究提供了基本材料。

钩嘴兽

‖18‖阿拉善左旗阿拉腾温都尔岩画群

撰稿：孙斯琴格日乐
摄影：曹格图

全景

阿拉善左旗重点文物保护单位。

位于阿拉善左旗腾格里额里斯苏木特莫乌拉嘎查东南约29公里处，岩画坐落于海拔高度在1400余米的阿拉腾温都尔山上。四周为山地，山山相连，沟壑间有丘陵分布。

岩画多数凿刻在山顶部，山坡和山底也有零星分布。在南北长1000、东西宽750米范围之内，发现保存较好的岩画45组，其造型技法有凿刻和刻划两种。图案内容有放牧图、人面像、双峰驼、动物群、群交图等。

放牧图是最为常见的题材。"牧马图"中马的形象，吻部前凸，双耳直立，有的表现生殖器。图案均由凿刻法制作而成，画面造型具象性较强。骑马牧人在马群后，头上留有两条长辫，手持马缰驱赶马群。另一幅放牧图为两个牧人站在上方，羊群散布于各处采食的画面。岩画为我们展现了阿拉善地区古代畜牧经济的生动情景。阿拉腾温都尔岩画题材丰富、构图奇特，其中群交图是难得的岩画精品。根据画面的风格特点、题材、色泽等方面初步判断，多数岩画为青铜时代作品，少数作品具有典型的突厥、吐蕃、党项时代特征。

群交图

牧马图

放牧图

‖19‖阿拉善左旗敖包图哈日岩画群

撰稿：孙斯琴格日乐　张震洲
摄影：曹格图　李国庆

位于阿拉善左旗巴彦诺日公苏木查干敖包嘎查西北约5.8公里处的敖包图哈日山脊上，山体呈东西走向，海拔高度在1600米以上。岩画分布于东西长2、南北宽4公里的一座小型山脊向阳的石面上，岩画刻痕较深，图案内容清晰可辨，但常年受风雨侵蚀影响，部分岩石开裂破坏了画面的完整性。内容以羊、马、双峰驼、鹿等家畜为主，也有骑鹿者、符号等内容。

该处岩画当中以反映游牧经济形态的"放牧图"最为典型。画面中间刻画骑鹿者，鹿角呈枝状，鹿腿一前一后，呈行走状，骑鹿者后面有个牧人手持长

远景

放牧图

符号

马、双峰驼

鞭，驱赶着羊群。画面生动活泼，线条简练流畅。另一幅岩画中刻有体型较大的马，马前方为类似草原鹰，中间有两只双峰驼，柱状峰，双腿刻画简略，其后有两只岩羊。画面制作粗略，但写实性较强。根据岩画的内容和色泽初步判断，敖包图哈日岩画的年代为青铜时代至早期铁器时代。

‖20‖阿拉善左旗广布特尔岩画群

撰稿：孙斯琴格日乐
摄影：曹格图

位于阿拉善左旗腾格里额里斯苏木特莫乌拉嘎查东南约29公里处、海拔高度在1400米以上的广布特尔山上，四面群山环绕，周围有低矮山丘分布。岩画地处山顶的岩石上，在南北长200、东西宽200米范围之内共发现7组岩画，均为凿刻法制作而成。内容主要有人物、羊、骑者、符号等，主要反映了畜牧经济生活。因常年风吹雨蚀，有的石皮剥落，画面残缺。

根据画面的风格特点、题材、色泽和文字等方面，初步判断该岩画群为青铜时代作品。

远景

动物群

羊

‖21‖ 阿拉善右旗立沟泉岩画群

撰稿：孙斯琴格日乐　范永龙
摄影：范荣南

阿拉善盟重点文物保护单位。

位于阿拉善右旗雅布赖镇西尼呼都格嘎查东南约38公里处的立沟泉山峰顶部，西北距原雅布赖苏木约40.5公里，四周为戈壁草原。

岩画群主要分布在东西长2、南北宽1公里的一座小山丘顶部的黑色岩石上，共发现岩画百余幅。其内容丰富，题材多样，画面清晰，主要有北山羊、盘羊、狩猎、放牧、骑者、符号等。岩画着重表现了游牧者骑马放牧、驱赶羊群的游牧生活场景，为我们了解阿拉善高原古代游牧民族生活提供了重要资料。根据画面内容及制作方法，初步判断其年代为青铜时代至早期铁器时代，最晚至元明时期。

羊

放牧图

放牧图

‖22‖ 阿拉善左旗宝日乌拉岩画群

撰稿：孙斯琴格日乐
摄影：曹格图

阿拉善左旗重点文物保护单位。

位于阿拉善左旗腾格里额里斯苏木特莫乌拉嘎查东南约27.5公里的宝日乌拉山上，海拔高度1400米左右。四周为山地，山地之间有丘陵分布。

岩画群分布在南北长600、东西宽600米的宝日乌拉山顶部，共发现岩画73组，由于周边沙化严重，部分岩画已被流沙掩埋。内容有北山羊、岩羊、舞者、鹿、马、骆驼、鹰、符号等。其中一幅最为引人注目，画面中，一舞者双臂平伸，粗壮的两腿摆出骑马蹲裆式的舞步，舞者旁边刻画了一只北山羊，可能为宗教性舞蹈，祈求神灵保佑牲畜繁衍增殖。根据岩画的造型风格和制作方法初步判断，该岩画的年代为青铜时代至早期铁器时代。

羊

舞者　羊

骑者

‖23‖阿拉善右旗苏亥赛岩画群

撰稿：孙斯琴格日乐　范荣南
摄影：范荣南

阿拉善盟重点文物保护单位。

位于阿拉善右旗曼德拉苏木固日本呼都格嘎查东南约6.2公里的苏亥赛丘陵上，海拔高度近1500米，南距孟根布拉格苏木约28.6公里。"苏亥赛"为蒙语，意为"好红柳"，因当地生长红柳而得名。

岩画群主要落刻于黑色峭壁和一座座平地崛起的灰色巨石上。在东西长约3.5、南北宽约2公里的范围内，共发现各类岩画500余组，主要采用磨刻、凿刻和单线划刻三种方法制作而成。画面题材多样、内容丰富，有女神、舞蹈、狩猎、放

动物群

狩猎

双羊、人物

动物群

牧、骑者、行人以及牛、马、羊、骆驼、虎等动物图案和日、月、星辰、记事符号等。其中划刻在花岗岩石面上的花卉、菱形方格组成的图案，造型美观大方，富有深刻的文化内涵，寄托着作画者的美好愿望，有的代表幸福安康，有的寓有永恒长寿之意。苏亥赛岩画群数量多、分布密集、造诣精湛，根据岩画的风格特点、题材、色泽和文字等方面初步判断，该岩画群为青铜时代至元代游牧民族的艺术作品。

‖24‖阿拉善左旗鹰湾岩画群

撰稿：孙斯琴格日乐
摄影：曹格图

阿拉善盟重点文物保护单位。

位于阿拉善左旗嘉尔嘎勒赛汉镇阿格坦乌素嘎查南约30公里处的一座山丘上，海拔高度在1300米以上。

在东西长50、南北宽40米的范围内共发现岩画200余幅。内容主要有放牧、狩猎、生活图像及磨刻人面像，其中"官员出行图"、"骑马图"最具代表性。其中"官员出行图"，官员骑坐于马背，左手叉腰，右手持缰，腰间佩带武器。马身体细长，腹下有两个方形图案。在马头下方，一人单腿跪地，双手抱拳，或是迎接官员或是禀报情况，官员后面跟随一列骑。官员出行图是墓葬壁画中常见的题

鹰湾岩画群

材，但在岩画中实属罕见。
"骑马图"着意表现了牧民骑马狩猎、放牧或出征的场面，形象生动地记录了阿拉善地区古代居民骑乘活动的社会生活情景。

鹰湾岩画群题材新颖，构图奇特、技法简练，其中官员出行图可以称之为岩画作品中的上乘之作。根据画面内容、制作技术等方面，初步判断该岩画群多数为青铜时代至早期铁器时代作品，少数可以早到新石器时代，也有辽金元时期的艺术作品。因常年风吹雨蚀，有的石皮剥落，致使画面残缺。

官员出行图

骑马图

骑马图

‖25‖阿拉善右旗祖勒格图乌拉岩画群

撰稿：孙斯琴格日乐　范荣南
摄影：范荣南

阿拉善盟重点文物保护单位。

祖勒格图乌拉岩画群位于阿拉善右旗额肯呼都格镇巴音博日格嘎查西南约20.1公里处，分布在海拔高度2000米以上的山峰顶部。"祖勒格图乌拉"为蒙语，"祖勒格图"意为"画"，"乌拉"意为"山"，因山上有岩画而得名。

岩画群分布于祖勒格图乌拉山顶部的黑色岩石上，共发现33组。题材内容有藏文、舞者、北山羊、马、骆驼、狩猎及

远景

舞者

骑者

战争等。狩猎图是最常见的题材之一，画面中常表现出猎人持弓瞄准猎物或只见执弓搭箭的猎人，而未表现射猎的对象。除此之外，也有众多猎人一起追击弋射野兽的围猎场面等。远古时期，狩猎直接影响着狩猎人的安危和氏族成员的饥饱，是他们赖以生存的主要生产方式。狩猎岩画也含有巫术意义，在狩猎经济时代，人类既希望得到野兽，又受制于落后的行猎技术，在打猎中成功几率不高，石壁上凿刻射中野兽的画面，意味着希望在即将进行的狩猎活动中获得成功。根据画面内容、作画风格和技法等初步判断，该岩画群为青铜时代至唐代的艺术作品。它的发现为研究阿拉善地区狩猎经济、文化、艺术、宗教信仰等方面提供了宝贵的实物资料。

狩猎图

狩猎图

‖26‖阿拉善右旗查干陶荣木图岩画群

撰稿:孙斯琴格日乐　范荣南
摄影：范荣南

阿拉善右旗重点文物保护单位。

位于阿拉善右旗额肯呼都格镇巴音博日格嘎查西南约14.7公里处，海拔高度在1800米以上，总体地形东高西底。

"查干陶荣木图"系蒙语，意为"两岁白色骆驼"。

岩画群分布在山脉顶部的一块黑色石面上，采用点上落点的凿刻技法制作而

全景

成，画面呈黄色，色泽新鲜，图案清晰。共由三个部分组成。第一部分长0.66、宽0.56米，画面上一猎人正在张弓射猎草原雄鹰。第二部分长约2.8、宽约1.2米，刻有北山羊、舞者、藏文及各种符号图案。第三部分，在一块长0.35、宽0.38米的石头上刻有一只羊与一只狗。岩画的题材内容常与古代当地居民的经济活动密切相关，是对自身活动及其周围世界的生动写照，查干陶荣木图岩画群表现的是古代先民放牧的生活情境，家畜主要以易于驯化家养，繁殖多的北山羊为主。根据岩画的风格特点、题材、色泽初步判断，该岩画群为青铜时代的作品。

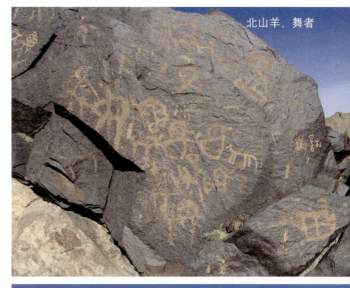

北山羊、舞者

放牧图

放牧图

⫿ 27 ⫿ 阿拉善左旗都斯勒岩画群 —————

撰稿：孙斯琴格日乐 张震洲
摄影：巴戈那

　　位于阿拉善左旗乌力吉苏木科泊嘎查西北约11.9公里处，海拔高度在1300米以上。

　　岩画群分布于低矮的山梁上，在东西长500、南北宽20米的范围内共发现31幅。制作手法以凿刻为主，少数年代较早的图形岩画采用了磨刻法。画面内容以马、骆驼、骑马人、北山羊、岩羊、盘羊、鹿、牛等图案为主。在所有动物题材的岩画中，羊的数量占据绝对优势，有时单独表现，有时三五成群，有时与牧人共同构成一组画面，多数刻画的是牧人骑马赶羊或牧羊的生活场景。其中一幅最为引人注目，画面中骑者和手持木棍的牧人赶着数十只羊，另外两个牧人，在羊群旁热情洋溢地欢跳。一

远景

羊、骑者

舞者双臂平伸至肘部下折，粗壮的两腿摆出骑马蹲裆式的舞步。另外一个舞者，双手叉腰，与身体呈现出"丁"字形状，或是在表达拥有羊群的愉悦心情或是在祈求神灵，保佑牲畜繁衍，六畜兴旺。舞者旁边还有一个牧人驱赶羊群的画面。羊不仅是游牧民族的重要肉食来源，也可用来交换商品，它在畜牧经济中占有重要地位。根据画面的题材内容、凿刻技术、色泽等因素，初步判断该岩画群为青铜时代的艺术作品。

马、羊、骑者

放牧图

‖28‖ 额济纳旗嘎顺扎德盖岩画群

撰稿：孙斯琴格日乐　傅兴业
摄影：傅兴业

阿拉善盟重点文物保护单位。

位于额济纳旗达来呼布镇温图高勒嘎查东北约68公里处的低山丘陵地带，地势南高北低，平均海拔940米。岩画点所处地貌以戈壁、荒漠草原为主，也有纵横交错的季节性河流和小型湖泊。

岩画群分布在一条南北向干涸河槽东岸的沉积岩崖壁上，共有两处，相距450米。第一处，在崖壁西侧0.8米宽的青石板上刻有岩画12幅。第二处，在崖壁西侧的平面上刻有岩画24幅。内容有人物、动物、西夏文、手形和符号。人物有附带马具的骑者、双手叉腰的舞者，动物有双峰驼、羊、狗和鹿等。此处岩画的特点为刻痕清晰，形象生动，制作手法上均采用了凿刻技法，画面中凹凸的敲凿痕迹清晰可见。根据画面的内容题材、凿刻技法、色泽等因素综合考虑，初步判断该岩画群涵盖了新石器时代、青铜时代和辽金元时期的作品。

阿拉善地区素有"骆驼之乡"的美誉，由于骆驼具有耐饥饿、耐风沙，适应性强，善于在戈壁、沙漠中栖息等特征而被人们驯化饲养。嘎顺扎德盖岩画中用长长的竖道表示驼的双峰、驼背上乘坐着牧人，也有牧人牧养骆驼的画面，这反映出

舞者

西夏文

了沙漠地区骆驼承担乘骑驮载的交通重任。另外，该地点的手形岩画，与旧石器时代的彩绘手印岩画在制作手法和组合上都存在着本质差别，旧石器时代的手印岩画运用了彩绘手法呈现红色或黑色手印，往往成群分布。此处岩画运用了凿刻技术、使之石皮脱落呈现浅黄色，组合上与双腿盘坐、手挥长带的舞者一同出现。从制作手法和画面构思两个角度考虑，二者当属于不同时期的作品。

嘎顺扎德盖岩画群

手形

骆驼

‖29‖ 阿拉善右旗曼德拉山岩画群

撰稿：孙斯琴格日乐 范荣南
摄影：范荣南

全国重点文物保护单位。

位于阿拉善右旗曼德拉苏木呼德呼都格嘎查西南约13.6公里的曼德拉山上，东南距曼德拉苏木政府所在地约14公里，西南距旗政府所在地约200公里。"曼德拉"系蒙语，汉语意为"腾飞、升起"之意。曼德拉山属雅布赖山系东南端，山体呈西北—东南走向，东西长约6、南北广约3公里，南望戈

壁草滩，北依雅布赖山余脉。

岩画群分布在东西长6、南北宽3公里的黑色玄武岩脉上，共发现保存较好的岩画4200余幅。造型技法主要有凿刻、磨刻、线条刻三种，其中凿刻法使用最广泛，沿用时间也最长。图案以动物图像为主，有马、牛、鹿、骆驼、盘羊、山羊、黄羊以及飞禽等数十种，表现狩猎、放牧、搏斗等场面和日月星辰等自然现象，以及文字题记等。狩猎是曼德拉山岩画最为常见的题材，有的表现猎人骑马弯弓待发的场面、有的描绘了驰马围猎的场景、有的着重体现猎人的勇敢和娴熟的技艺。放牧也是比较常见的绘画题材，牧人徒步或骑马放牧着成群结队的牛羊。这些画面充满了浓郁的北方游牧民族生活气息，生动形象地描绘了我国古代北方游牧民族生产、生活、宗教信仰、意识形态等诸多方面的内容。从岩画的风格特点、题材、色泽和文字等方面来看，该岩画群时间跨度较长，涵盖了新石器时代、青铜时代至元明清等多个时期的艺术作品。

曼德拉山岩画数量多、分布密集、内容丰富、题材多样、画面清晰、艺术造诣精湛，具有很高的艺术观赏价值和历史研究价值，堪称世界岩画宝库中的稀世珍品，被誉为"曼德拉山岩画走廊"和"美术世界的活化石"。

远景

狩猎图

鹿群、羊、鹰

狩猎、格斗

放牧图

放牧图

村落和骑者

交战图

放牧图

‖30‖ 阿拉善左旗折腰山岩画群

撰稿：孙斯琴格日乐 李小伟
摄影：杨清亮

阿拉善盟重点文物保护单位。

位于阿拉善左旗巴彦浩特镇敖包图嘎查南约9.1公里处的折腰山上。山体属贺兰山西麓余脉，东与巴音笋布尔峰相连，南北两侧为大型山沟。

岩画主要分布在折腰山东西走向的山梁岩石上。在东西长6424、南北宽85米的范围之内，共发现岩画66幅，大都刻于长0.2~0.7、宽0.1~0.3米的圆形或椭圆形孤立的黑色石头上。整体保存完好，画面较为完整。制作方法多数采用了凿刻法，用尖锐的石器或金属工具刻画出人物、动物的轮廓，再使用金属工具在轮廓内进行敲凿形成图案，敲凿

远景

马，牛

骑者

马

点小而密集，刻痕呈现灰白或浅黄色，少数岩画使用了磨刻法。

　　岩画题材有盘羊、岩羊、鹿、骑者和天体等，多为单体图案，也有几种动物组成的组合图案。内容上以反映游牧人生活场景的画面为主，也有体现古代居民生殖崇拜的图像。根据岩画的题材、内容、制作方法、色泽等各方面因素来看，这处岩画群多数作品属于青铜时代，个别可能早到新石器时代。

马

‖31‖阿拉善右旗阿日格楞太岩画群

撰稿：范永龙　孙斯琴格日乐
摄影：范荣南

阿拉善盟重点文物保护单位。

位于阿拉善右旗阿拉腾敖包镇巴音塔拉嘎查西北约10公里的哈勒乌苏山上，南侧为浩瀚的沙漠，北为塔木素戈壁。"阿日格楞太"为蒙语，"盘羊"之意，因此地经常有盘羊出没而得名。

岩画群分布在哈勒乌苏山东南麓长2、宽1公里的山顶峭壁及沟边岸壁上，目前保存较好的岩画有三百余幅。岩画大多采用凿刻、磨刻法作画，刻痕灰黑，几乎与石皮同色，石料粗糙。阿日格楞太岩画数量多、内容丰富、有人面像、狩猎、出行、放牧、骆驼、羊、马、虎、民间图案、文字符号等。较为典型的一幅岩画是众多骑者出行图。画面中刻画出九位骑马

牧人向同一方向行走，用一条竖线表示马背上的骑者，马的形状也是十分简略。这个场景如实地记录了古代游牧民族的出行或者迁徙的情况。

阿日格楞太岩画群是1987年文物普查时发现。1997年出版的《巴丹吉林沙漠岩画》一书中，盖山林先生对阿日格楞太部分岩画进行过介绍。这处岩画群的发现，对于研究古代北方游牧民族的生产、生活以及环境演变等都具有重要的史料价值和科研价值。根据画面内容、制作手法分析，该岩画群以青铜时代的作品为主，最早可追溯到新石器时代，晚至唐代中晚期。它的发现对研究古代游牧民族的生产、生活以及环境变化等具有重要作用。

骑者　符号

骑者

藏文和人面像

马和骆驼

出行图

‖32‖ 阿拉善右旗希博图岩画群

撰稿：孙斯琴格日乐　范永龙
摄影：范荣南

阿拉善盟重点文物保护单位。

位于阿拉善右旗曼德拉苏木夏拉木嘎查西北约14.9公里处的希博图山上。四周为荒漠草原，总体地形特征南高北低。

"希博图"为蒙语，意为"石堆"或"烽火台"。

岩画群分布在南北长1.5、东西宽1公里的黑色岩石上，发现岩画二百余幅。受风蚀等自然因素破坏，画面模糊不清，部分岩画从岩石上剥落。作画方法有凿刻和磨刻两种。希博图岩画分布密集、题材丰富、内容丰盈，主要有山羊、盘羊、骆驼、马、牛、驴、狗、狼、放牧、骑者、飞禽、民间吉祥图案、符号、文字等。此岩画主要运用了写实手法，形象生动地记录了北方游牧民族的生活情境。根据画面内容来看，这处岩画群以青铜时代的作品为主，少数可早到新石器时代，或晚至明清时期。

骑者

图案

远景

动物群

羊

汉代

汉代文物点数量大，分布范围广，是构成阿拉善盟文化遗产的主体，也是全盟文化遗产的精华所在。通过第三次全国文物普查和长城资源调查，共发现汉代文物点近六百处之多。其中除少数古墓葬和岩画以外，由烽燧、城障、墙体、壕堑、天田等构成的汉代长城防御体系以及与此相关的屯田遗址是两汉时期留给我们的宝贵而丰富的文化遗产。其中A35城（大湾城）是汉代张掖郡肩水都尉府治所，下辖广地、橐他、肩水等候官，每个候官下辖若干部，部下设若干燧。A8障是汉张掖郡居延都尉府甲渠候官治所，下辖天田、烽燧等遗迹二十余处。20世纪30年代中瑞西北科学考察团对额济纳河流域汉代居延边塞进行了调查，并对珍北候官等26处遗址进行了试掘，获得一万余枚汉简。70年代甘肃居延考古队对甲渠候官(A8障)、甲渠候官第四燧（P1烽燧）、肩水金关（A32障)等三处遗址进行了发掘，收获了近两万枚汉简。居延汉简是《史记》、《汉书》之外，存世数量最大的汉代历史文献，它与北京故宫内阁大库、河南安阳甲骨文、敦煌莫高窟藏经洞经卷并称为"20世纪中国档案界轰动世界的四大发现"。

‖33‖ 阿拉善右旗龙首山壕堑

撰稿：胡春柏　范荣南
摄影：张有里

阿拉善盟重点文物保护单位。

龙首山壕堑分布于阿拉善右旗与甘肃省山丹县的交界地带，本体遗迹或进入内蒙古自治区境内，或进入甘肃省境内，或部分地段为两省区的省界线。东南起自

阿拉善右旗额肯呼都格镇敖伦布拉格嘎查的额门浩来一带，经宗温都尔附近折向西北，向西经夏勒浩来、伊尔盖图、查干达瓦、青崖腰、旭古木图、夏勒毛道达瓦、诺木其达瓦、伊里及格达瓦，穿越山峦和

额门浩来段局部

夏勒浩来段远景

沟壑，延伸进入独峰顶，再经敖伦布拉格嘎查，进入额肯呼都格镇苏布日格嘎查与甘肃省山丹县红寺湖乡交界处。

全长41499米，大体呈东南—西北走向，依山形走势而建，多处在山体北侧，挖土成壕，两侧堆土筑墙，历经流水侵蚀，沙土填埋，仅存基本轮廓。壕普遍口宽约3.6～12、底宽2.2～7、深0.1～2.5米；两侧墙体坍塌呈土垄状，最宽处8米左右，最高处达1.5米，部分损毁严重地段基本与地表平齐。在这条壕堑沿线还布设着一条烽燧线。受地形条件的限制，烽燧或建于壕堑南侧，或建于壕堑北侧。与壕堑的距离远近不等，近者直线距离不足百米，远者将近3公里。这条壕堑与烽燧线共同组成了一道军事防线。根据以往的调查研究成果，可初步将这道壕堑的年代定在东汉时期。

夏勒浩来段局部

伊力根吉达瓦段局部

诺木其达瓦段局部

诺木其达瓦段全景

‖34‖ 额济纳旗甲渠候官遗址（A8障）

撰稿：胡春柏　傅兴业
摄影：傅兴业

甲渠候官遗址

全国重点文物保护单位。

A8障是20世纪30年代中瑞西北科学考察团所采用的编号，蒙古语称"呼钦浩特"或"木都日博勒金"，俗称"破城子"。甲渠候官是汉张掖郡居延都尉府所辖候官之一，处于居延边塞西侧，与所属烽燧等统称甲渠塞，其中A8障为甲渠候官治所，下辖天田、烽燧等遗迹20余处。

遗址位于额济纳旗达来呼布镇吉日

格朗图嘎查西南约25.4公里的平坦戈壁地带，四周是一望无际的荒漠，东侧约1.6公里处原有额济纳河自南而北蜿蜒流过。近年来，由于上游水库的截流，河道多已干涸。甲渠候官遗址是目前为止居延都尉府辖区内唯一一座经过正式发掘的候官类遗址。据《居延汉简甲乙编》附录《额济纳河流域障隧述要》一文，20世纪30年代，中瑞西北科学考察团曾对这个遗址的四个地点进行过试掘，取得了相当大的收获，出土5000余枚汉简以及大量木器、竹器、铁器、陶器、铜器、角器、葫芦器、料器、织物、五铢钱等。1969年至1978年，在额济纳旗划归甘肃省管辖期间，甘肃居延考古队于1974年对该遗址进行了正式发掘，搞清了其建筑布局和基本结构。发掘表明遗址由障和坞两部分组成。障址平面呈方形，边长23.3米。墙体为土坯砌筑，底宽顶窄，基宽4～4.5、残高4.6米，收分明显。障内有相互叠压的两组房址，早期房址2座，晚期房址1座，障内西侧有通往顶部的早期马道阶梯。坞连接在障的南侧，平面呈长方形，长47.5、宽45.5米。墙体为夯土筑造，宽1.8～2、残高0.9米，略有收分，墙面抹多层草拌泥和白灰。东墙偏南设门，门外有残存的瓮城。坞内共清理房址37间，均为夯土墙、草泥地面，其中第16号房址出土有"塞上烽火品约"、"相利善剑刀"、"甲渠候请罪"等简册，发掘者据此推断该房址为晚期甲渠候居住之所。坞墙外设虎落，外围3米内共埋设四排尖木桩，呈三角形排列，完整者高0.33米，间距约0.7米；虎落上部堆积中出土多件木转射。坞南50米处有一座烽燧址，为长方形夯土台，长

遗址内部

5、宽4.8、残高0.7米，附近发现积薪、桔槔遗迹和烧灰等。东距坞门30米外有一灰堆，范围70米×40米，为柴草、粪便、废弃物、烧灰、沙砾的混合堆积。通过这次发掘，出土简牍七千余枚、各类器物八百余件，主要有弓、箭、铜镞、转射、铁甲、货币、辘轳、铁农具、工具以及木芯、网坠、猎具、仓印、木柱斗和窗、木板画、竹笛等。

对甲渠候官遗址的发掘，首次揭示了汉代西北边塞防御体系中候官这一级别治所的规模和建筑布局，也为我们考证和推定其他候官的治所提供了参考和依据。建武初年"塞上烽火品约"册的发现为深入探讨汉代西北边塞的烽火制度提供了宝贵的文献资料。大量汉简的出土不但为研究西汉边塞防御体系和防御制度提供了可靠的文献学依据，也又一次将简牍学的研究推向了一个新的高潮。

▌35▐ 额济纳旗殄北候官遗址（A1障）

撰稿：胡春柏　傅兴业
摄影：岳够明

全国重点文物保护单位。

A1障是20世纪30年代中瑞西北科学考察团所采用的编号，当时命名为"宗间阿玛"，后又称之为"全吉阿玛"。殄北候官是汉代张掖郡居延都尉府所辖候官之一，处于居延边塞北端，与所属烽燧等统称殄北塞，其中A1障为殄北候官治所，下辖塞墙、天田、亭、燧等各类遗迹。

遗址位于额济纳旗苏泊淖尔苏木策克嘎查东南约14.6公里，坐落于较为平坦的灰色胶泥滩上，四周是一座座红柳沙丘。根据地面调查情况来看，障址平面略呈方形，东西长33、南北宽32米。墙体自底部往上3米处为夯土筑造，夯层厚8~12厘米，以上为土坯砌筑，每隔3、4、6或12层土坯夹以芦苇和红柳枝；现已坍塌损毁严重，仅西南角和东南角保存略好，墙体基宽3.5、残高2.8~6米。南墙偏东设

遗址远景

障址局部

墙体局部

门，宽2米。其东侧50米处起分布有3座石砌附燧，东西排列，间距约50米，均已坍塌，现呈直径5米左右的石堆。遗址四周散落较多的灰陶片，外部东南角堆有羊头石。

中瑞西北科学考察团曾对其进行试掘，在障内西部发现一座长方形房址，墙面涂抹白灰，脱落的白灰片上书有"羊头石五百"等字。在房址北侧与障墙之间试掘出土约50枚汉简，其中有汉宣帝五凤二年（公元前56年）简。此外，还出土陶器、铁锅、木橛、封检、绢帛、绳索、砺石和骨镞等遗物。《居延汉简甲乙编》附录《额济纳河流域障塞述要》一文，依据A1障所处地望及所出"［殄］北候簿"和"居延殄北塞"等简文，推断其为殄北候官治所。

▥36▥ 额济纳旗卅井候官遗址（P9障）

撰稿：胡春柏　傅兴业
摄影：傅兴业

全国重点文物保护单位。

P9障是20世纪30年代中瑞西北科学考察团所采用的编号，蒙语称为"宝日川吉"，中瑞西北科学考察团称为"博罗松治"。卅井候官是汉代张掖郡居延都尉府所辖候官之一，位于居延边塞东南的湖谷地带，与所属烽燧等统称卅井塞，其中P9障为卅井候官治所，下辖天田、烽燧等遗迹40处。

遗址位于额济纳旗达来呼布镇吉日格朗图嘎查东南约49.2公里，处在湖谷荒漠地带，坐落于一座高土台子上。由墩台、坞和障三部分组成。墩台和坞矗立在高岗的顶部。墩台平面呈方形，边长5、残高

卅井候官遗址

墩台

4米；有修补过的痕迹，西、南两侧增补的土坯整体分离脱落，北侧底部坍塌。坞连接在墩台的东侧，整体坍塌，东半部已基本消失，残存的坞墙东西长20、南北宽12米。障设在高岗底部西南的缓坡上，平面呈方形，边长31米；利用北侧天然险要地势，东、南、西三面筑墙，以土坯垒砌为主，当中夹以芦苇，整体已坍塌，墙宽1.7、残高2.1米。障门设在西墙。

20世纪30年代，中瑞西北科学考察团作过试掘，出简约350枚以及鼓、木器、竹器、石器、陶器、铜器、铁器、皮

革、织物、五铢钱、"大泉五十"等。出土封检均属于"卅井官"或"卅井候官"，《居延汉简甲乙编》附录《额济纳河流域障燧述要》据此推定P9障为卅井候官治所。简文年代，介于公元前72年至公元27年之间，即西汉宣帝本始二年至东汉建武三年之间。

坞坍塌后的堆积

‖37‖ 额济纳旗广地候官遗址（A24障）

撰稿：胡春柏　傅兴业
摄影：胡春柏　傅兴业

全国重点文物保护单位。

A24障是20世纪30年代中瑞西北科学考察团所采用的编号，俗称"小方城"。广地候官是汉代张掖郡肩水都尉府所辖候官之一，位于肩水都尉府辖区的北段，与所属障址、烽燧等统称广地塞；北接居延都尉府卅井塞，南接肩水都尉府橐他塞。其中A24障为广地候官治所，下辖障、燧等遗迹20余处。

遗址位于额济纳旗东风镇宝日乌拉嘎查西南约3.9公里处的戈壁上，西距伊肯河70米。障址平面呈方形，边长19米。墙体存高5.7米，下部为夯筑，夯土部分高3.3米；上部高2.4米的部分是以土坯垒砌为主，1层土坯夹1层草。障门朝南，宽3.3米。墙体外层土坯脱落，散乱堆积在其底部；北墙有一豁口，宽2.2、高1.2米，西墙有一宽1.3米的豁口。障址东、南、西三面有坞墙痕迹，南北长80、东西宽59米。坞门朝东，宽约7米。

据《居延汉简甲乙编》附录《额济纳河流域障塞述要》一文所载，20世纪30年代，中瑞西北科学考察团曾作过试掘，出土了一些木件、陶片和织物。30

小方城远景

西南角墙体

小方城近景

多年后，陈梦家先生首次提出广地候官治所可能在A24，也可能在A27。根据后来的实地调查情况看，A27只是一座烽燧，而A24无论规模还是布局都更接近候官治所。

流经小方城西侧的额济纳河

⟁38⟁ 额济纳旗肩水候官遗址（A33障）

撰稿：胡春柏　傅兴业
摄影：胡春柏　傅兴业

远景

全国重点文物保护单位。

A33障是20世纪30年代中瑞西北科学考察团所采用的编号，蒙语称"乌兰都日布井"，俗称"地湾城"。肩水候官是汉代张掖郡肩水都尉府所辖候官之一，处于肩水都尉府辖区的南段，与所属烽燧等统称作肩水塞；北接囊他塞，向南进入甘肃省金塔县境内。其中A33障为肩水候官治所，下辖塞墙、天田、障、城、燧等各类遗迹。

遗址位于额济纳旗东风镇宝日乌拉嘎查西南约67.7公里处的戈壁上，由障和坞两部分组成。障址平面呈方形，边长22.5米。墙体以夯筑为主，夯层厚8～10厘米，当中夹有圆木；基宽5、残高8米。西墙设门，门洞下宽2.7、残高5.6米。其西北和南侧有房址，墙体为夯筑，残高0.2米。北墙、东墙外皆残留4排虎落，间距0.75米。坞设在障城西侧，东西长56、南北宽49米，墙体坍塌呈土垄状，基宽1.5、残高0.3米。南墙中部设门。坞外围可见墙体残迹。

中瑞西北科学考察团作过试掘，收获颇丰。第一，对障的形制及规模有了初步的了解。障址为正方形，边长22.5米，东北角有一座高1米的小屋。障外有三重坞院，第一重坞墙在障西，其东墙直接连在障的西墙上；第二重坞墙试掘见于障的东南部，其东墙接在障的东墙上，南墙则与第一重坞平行；第三重坞墙在第一重坞北20米处，长约100米。第二，获得了大批珍贵的遗物，包括汉简2000余枚、帛书3件、毛笔2支以及带字的纸张、木器、竹器、陶器、角器、料器、铁器、铜器、皮革、织物、芦苇制品等。第三，《额济纳河流域障燧述要》一文，根据出土函检与簿检推断A33为肩水候官治所。

障址近景

障内西南角及障门

障址南侧的坞

障和西边的坞

‖39‖ 阿拉善左旗乌兰布拉格障址

撰稿：张震洲 张新香
摄影：张震洲

阿拉善盟重点文物保护单位。

位于阿拉善左旗敖伦布拉格镇巴彦哈日嘎查西北约11.1公里，筑于丘陵间的山坡之上，乌兰布拉格泉水从其东南不远处流过。

障址由障和坞两部分组成，总面积约1380平方米。障址平面呈长方形，南北长31.5、东西宽24米，坐北向南，居中设门，宽1米。障墙两侧采用大块片状石材错缝堆砌，自下而上有收分，内部以石块和沙土填充。东墙内侧有斜坡踏道通往墙体顶部，长15、宽2米，坡度约45度，障外仅北墙底部可见人工基础。障址保存较好，墙体高大，布局清晰，内壁相对完整，外缘及局部存在不同程度的坍塌现象，其中东墙外壁大体自中部起至南端向外侧垮塌，西北、西南角由顶至底坍塌，北墙外壁仅中部存有长6、高4米的石砌痕

乌兰布拉格障

迹，西墙外壁上部自北向南坍塌近18米，南墙门址两侧大部坍塌，形成一"V"字形豁口。障内东南角存有房址一处，南北长5.2、东西宽3.7米，东、南两侧直接借用了障墙，西、北两侧另筑墙体，已损毁严重，仅存底部。西南角亦存有房址1处，面阔4间，由南向北排列，内部均为3米见方，墙宽均0.65米，残存最高处1.1米，损毁严重，门址不清；西北角筑有一座1.5米见方的石台。坞连接在障址南侧，平面呈长方形，南北长26、东西宽24米，北依障墙，东、南、西三侧另筑墙体，采用石块错缝堆砌，已坍塌严重。东墙在距障址南壁5.2米处留门，门宽2米。

该障址是在哈鲁乃山南麓发现的唯一一座汉代障址。20世纪80年代阿拉善盟文物管理部门在第二次全国文物普查工作中发现，当时定名为"敖伦布拉格障址"，并在附近采集到汉代灰陶壶、罐的残片。因其位于乌兰布拉格泉水附近，2009年长城资源调查工作中将其更名为"乌兰布拉格障址"。关于它的功能和地位，从其障、坞相连的平面布局和建筑规模来看，均与目前可以被确定为候官治所的A8障——甲渠候官治所、P9障——卅井候官治所、A24障——广地候官治所、A33障——肩水候官治所相合。从地理位置上来讲，它处于哈鲁乃山南麓沿线列燧的中段，与相邻的烽燧前后衔接，相互遥望，其北偏西约489米处有乌兰布拉格1号烽燧，东南约1.8公里处有乌兰布拉格2号烽燧。由此推测，这座障址很可能是汉代管理哈鲁乃山南麓沿线诸燧的候官治所。

斜坡踏道

障址内部

坞

‖40‖ 阿拉善右旗通沟城址

撰稿：胡春柏　范荣南
摄影：胡春柏

内蒙古自治区重点文物保护单位。

位于阿拉善右旗雅布赖镇巴音笋布尔嘎查西北约3.3公里，坐落在通沟沟口附近的一处台地上，西北倚雅布赖山主峰，南望白墩子滩，西侧有通沟河自西北向东南流过。

城址由障和坞两部分组成，障墙相对高大，坞墙相对低矮。障址平面近方形，边长约22米。墙体为自然石块垒砌而成，大部分已经坍塌，仅局部存有原始石砌痕迹，东侧隐约可见登城马道的迹象。坞连接在障的西侧和南侧，平面形状不规则，南墙长约40、北墙长约27、西墙长约49、东墙长约55米，总面积在1500平方米左右。墙体为石砌，均已坍塌严重，东墙在靠近障址的南侧留门，门宽2米。南侧坞的西北角有一南北长8、东西宽6米，残高0.6~1米的长方形建筑基址；中部有一东西长29.5、南北宽28米，残高1米左右的建筑基址。在坞的外围东、南两侧原有石砌围墙，通沟下游修建水库时曾将墙体砌石大部拆取，现在地表仅存断续相连的墙基。

一些学者根据地表采集遗物的特征将该城址的年代定为汉代，也有学者进而提

出它是西汉时期的一座侯城遗址。这处遗址虽然一直被叫作城址，但如果不计坞外的围墙，总面积不过3000平方米左右，规模并不大，不足以将其定义为"城"。无论从规模来讲，还是障、坞相连的建筑布局考虑，都更接近于分布于额济纳河沿岸的汉代侯官治所—障。另外，这处遗址所处的地理位置十分重要，居高临下，扼守住西侧的通沟沟口，又与布设在雅布赖山沿线的汉代烽燧前后衔接，互相遥望，其西北约0.6公里处有通沟1号烽燧，东北约1.5公里处有通沟2号烽燧，是目前在雅布赖山沿线发现的唯一一座可能为侯官治所的障址。由此推测，通沟城址可能是汉代管理雅布赖山沿线诸燧的侯官治所。

通沟城址全景

南侧的坞

通沟城址远景及其西侧的通沟河

外围石墙的石砌痕迹

南侧坞的东门

‖41‖ 额济纳旗居延城址（K710城）

撰稿：胡春柏　傅兴业
摄影：胡春柏

全国重点文物保护单位。

　　K710城是20世纪30年代中瑞西北科学考察团所采用的编号。城址位于额济纳旗达来呼布镇吉日嘎郎图嘎查东南约12.3公里的荒漠地带，人迹罕至，流沙漫布，间或有露出原始地表的地方，也被风蚀出一道道口子，坑坑洼洼，高低不平。一座座馒头状的红柳沙包，大大小小地分布在遗址周围。

　　城址平面近长方形，东墙长137、南墙长129、西墙长123、北墙长129米，四角设有角台。墙体为夯土版筑，现已坍塌，低矮残破，基宽约4米，残高仅在1.5米左右。城址历久年深，加之恶劣的自然

东墙

环境，致使墙体被风撕开一道道的豁口，东墙和北墙尤甚。城门设在于南墙中部，宽约6米，门道处由青、红两色条砖铺设的排水设施依稀可见。城内见有大小不等的方形坑，虽被沙土填埋，但迹象仍可辨识，尺寸一般为1.1米×1.7米，排列较有规律，具体用途不详。城西50米处原有一条南北走向的水渠，现在地表已经看不到任何痕迹。城址内外散布着丰富的遗物，残碎的石磨盘、灰陶片、青砖等俯拾即是，此外还有少量的铜片和铁渣，曾出土"五铢"钱15枚，"大泉五十"1枚，以及铜器、铁器、陶器等。

北墙局部

地表陶片

城门

‖42‖ 额济纳旗河西大湾城（K824城）

撰稿：胡春柏　傅兴业
摄影：胡春柏

全国重点文物保护单位。

K824城是20世纪30年代中瑞西北科学考察团所采用的编号，俗称"大湾城"。为区别于额济纳河东侧的大湾城（A35城），也称为"河西大湾城"。遗址位于额济纳旗东风镇宝日乌拉嘎查西南约75.5公里，坐落在额济纳河上游的荒漠戈壁上，地势平坦、视野开阔，澄净秀美的额济纳河从它东南侧蜿蜒流过。由于干旱的气候环境，无水的沙漠几乎寸草不生，但河水流经之地却是一片水草丰美的绿洲。南面远远望去是绵延低缓的马鬃山，东侧与A35城（河东大湾城）隔河相望。

城址平面呈长方形，规模较大，东西

城址远景

长203、南北宽200米。墙体以夯筑为主，当中夹有圆木，基宽6.7、残高9米。城门设在南墙靠西，宽7.5米。北墙、西墙、南墙有多处缺口，墙基底部有淤沙堆积，东南角被河水冲毁，东墙现存95米，南墙现存57米，北墙靠西有一个7米宽的缺口，或是城门。分布有10余处房屋痕迹，其中有些是现代所建，城内地表被流水冲刷出纵横的沟壑，最长约有40米，宽达6米，最深处2.5米。城址外侧10米处有护城壕残迹。地表只见一些釉粗胎厚的缸瓮类器物残片。这座城址自中瑞西北科学考察团调查以来，后世学者很少涉足，也几乎不见于其他研究成果。

北墙外侧

墙体局部

城内东北部

‖43‖ 额济纳旗肩水都尉府遗址（A35城）

撰稿：傅兴业 张新香
摄影：胡春柏

全国重点文物保护单位。

A35城是20世纪30年代中瑞西北科学考察团所采用的编号，蒙语称"太日亚音都日布井"，俗称"大湾城"（河东）。肩水都尉府辖区分布在额济纳河中游的居延边塞南部，下辖广地、橐他、肩水等候官。每个候官下辖若干部，部下设若干燧。

遗址位于额济纳旗东风镇宝日乌拉嘎查西南约77.4公里，坐落于额济纳河上游东岸的平地上。20世纪30年代，中瑞西北科学考察团作过试掘，主要有以下两点收获。第一，初步了解了城址的建筑布局，主要由障城、内城、外城三部分组成。障城平面呈长方形，长90、宽70米。墙体版筑，宽4~6、高8.5米。东墙设门，两侧有向内凸出的短墙。在西南角及西墙靠北各有一望楼。南墙上有一小垣，试掘出土西夏文的印板文书及有西夏文的丝绸各1件。在障址东部、南部残存两重平行的土墙，与东障墙之间有宽7米的壕。《额济纳河流域障燧述要》一文，综合障址形制、出土遗物两方面因素，认为它的年代较晚，应为宋元时期。内城，试掘所见遗迹环卫在障城的东、北两侧，长190、宽

140米，与障址距离分别约115和70米。墙体版筑，基宽2、高1.65～2米。北墙中部有门，东南角及东墙中部各有一望楼，东北角有1座墩台，在其南侧发现一小屋，出土汉简及其他汉代遗物。内城区域内累计出土汉简约五、六百枚。外城试掘所见残迹环卫在内城的东、北两侧，东墙残长350米，墙内有一道宽5米的浅壕，东南角有1座墩台，其东、南两侧各有房址，其中东侧房址出土汉简约900枚。第二，获得了丰富的遗物，出土汉简约1500枚。简的年号多属于西汉昭帝至王莽时期。另出土了木器、竹器、石器、陶器、铜器、铁器、皮革、织物、芦苇和葫芦制品等。

现在地面上只能看到一圈较完整的城垣，平面呈长方形，南北长160、东西宽

A35城远景

73米。墙体夯筑，夯层厚6～10厘米，当中夹以圆木，基宽4、残高9米。城墙西南角、西北角设有方形角台，东墙北侧存有马面。东墙中部设门，门宽5米，门外加筑瓮城。瓮城南北长35、东西宽20.5米。墙体基宽2、残高4米。东城门墙体内侧北部建有登城斜坡马道，外侧墙体用土坯加固，下宽2.2、上宽1.6米，城内中部有房屋遗迹。城外北侧东端7米处残存有一段羊马墙，墙体长7、残高1.5米。墙外四周有壕堑残迹，宽约8米。城外东部有废弃墙体和房屋残址，城外东北部有1座陶窑址，东南100米处和东北75米处各有1座夯筑烽燧。

西南角角台

瓮城全景

城址东门外侧

城内房址

城外残房址

‖44‖ 额济纳旗肩水金关遗址（A32障）

撰稿：张文惠　傅兴业

摄影：胡春柏

全国重点文物保护单位。

A32障是20世纪30年代中瑞西北科学考察团所采用的编号。肩水金关是汉代张掖郡肩水都尉府所辖的一座关址，南距肩水候官治所——A33城（地湾城）仅600米左右。

遗址位于额济纳旗东风镇宝日乌拉嘎查西南约67.2公里，坐落于额济纳河东岸平坦的戈壁上。中瑞西北科学考察团试掘了其中五个地点，出简850余枚，以及竹器、木器、陶器、角器、铁器、皮革、货币、织物、芦苇和葫芦制品等。1972年调查时曾在坞南扰灰中拾得一枚"元朔元年"残简，此次发掘也出土了武帝元狩四

远景

年简。发掘者认为"金关地区早在武帝中期即有政治、军事活动。昭帝时，已称金关或金关燧，同时又名'通道厩'（见73EJT10，元凤四年至六年通道厩'财物出入'、'谷出入'等简册），这与金关地处交通要道、现存大量厩圈遗迹等情况相符。可见，当时这里至少有三个单位，兼有关卡、斥候、驿厩等多种职能"。20世纪70年代，由甘肃省博物馆、酒泉地区和人民解放军驻地部队等单位组成的居延考古队对该遗址进行了发掘，搞清了这座关城的基本建筑布局，出简11000余枚，器物1300余件。

主体建筑关门在北，是两座对峙如阙的长方形楼橹，自西向东编号分别为F2、F3，长6.5、宽5、最宽1.2、最高1.12、中间门道宽5米；在F3东侧窄间里出636枚简，关门周围发现有方形排列的虎落尖桩。坞在关门内西南侧，平面近长方形，坞墙为夯土筑造，夯层厚5～8厘米，北墙长36.5、南墙长35.5、东墙存长24、宽0.7～0.8、最高0.7米。东南角未见墙体，发掘者认为可能坞门就在这里。坞墙经过维修，在西北角发现了被叠压的年代较早的坞墙。坞内房屋建筑也有年代上的差别，其中F4～13为晚期建筑，F14年代相对较早。墩台及障在坞的西南角。前者位置靠北，方7.8米×7.7米，内部为夯筑，当中夹有斜插的小木棒，外壁用土坯包砌。其南侧连接长方形小障，南北长约13、东西宽约12.5米；障墙为夯筑，宽1.2～1.3米。障内用窄墙分隔成若干座相互连通的房间，依功能区分为居室、灶屋、仓库等。障内发现灶台遗迹，以及砚、印章、简册、木偶等遗物。在墩台和

近景及周边环境

肩水金关房址

肩水金关与肩水候官

障的周围，发现排列整齐的虎落尖桩，均呈方形布设。值得注意的是，虎落打破了台北和障东的坞墙。另外，在障门附近发现了1枚残破的转射。

‖45‖ 额济纳旗绿城遗址

撰稿：胡春柏　傅兴业
摄影：傅兴业　岳够明

全国重点文物保护单位。

位于额济纳旗达来呼布镇吉日嘎郎图嘎查东南约26公里的戈壁荒漠中，地势平缓，大大小小的红柳包散布其间，除红柳和梭梭几乎不见任何植物，地表裸露在外，坑洼不平。

遗址由大、小两座城址及水渠、墓葬等遗存组成。大城由内、外两城组成。外城平面呈不规则的椭圆形，周长1200米。墙体损毁较严重，残存互不相连的数段，呈土垄状，构筑方式为土坯分段垒筑，每段长2～3、基宽约3.5米。东段墙体残长113、残高1.4米，中部开门；南段墙体残长149、残高1.5米；西段墙体残长120、残高2.3米；北段墙体长53米，北侧连接小城，南侧有一条水渠与墙体大致平行。城门设在东北角，外有方形瓮城。内城位于大城南墙北侧15米处，平面呈方形，边长45米。墙体下部为夯土筑，上部是土坯垒筑，当中夹以红柳枝条，残高3.4米。小城位于大城外北侧，平面呈长方形，东西长43、南北宽30米。墙体为夯土和砂石板块混筑而成，西墙当中夹以木棍和芨芨草。墙体基宽6、残高1.6米，门设在西北角，宽约4米。

2001年，内蒙古文物考古研究所在小城内清理房址1座，平面呈圆角长方形，东西长4.2、南北宽2.9米，方向250度。

残存墙体

瓮城

居住面用灰色黏土铺垫而成，距地表深0.3米。出土有夹砂红陶鬲、双耳罐和钵等陶器。

水渠全长9400米，大体呈西—东走向，西起黑城，东到额日古哈拉区域，从绿城遗址中部穿过，打破大城的东墙和西墙。水渠宽9.3米左右，两侧渠埝高出地表，现已坍塌呈土垄状，残存最高处可达1米左右。两侧有数不清的分支渠道，纵横交错、四通八达。在水渠沿线分布着大面积的屯田遗址和众多房屋基址以及佛塔、寺庙等。此外，在城址的周围还分布着数量可观的夯土高台。2001年，内蒙古自治区文物考古研究所清理了其中的一座，揭露出一座长方形砖室墓，分前、中、后三室，总长10米，券顶。

绿城遗址包含了多个时期的遗存，遗迹丰富，叠压打破关系复杂。小城为青铜时代遗存，或可晚至早期铁器时代。大城的内城为汉代障址；外城可能为魏晋北朝时期的西海郡治所，周边的夯土高台为同时期的墓葬。水渠是西夏到元代屯田遗址的一个组成部分。

城外夯土高台墓葬区局部

⦀46⦀ 额济纳旗红城遗址（F84障）

撰稿：胡春柏　傅兴业

摄影：马登云　胡春柏

全国重点文物保护单位。

F84障是20世纪30年代中瑞西北科学考察团所采用的编号，蒙语称"乌兰德日布井"，俗称"红城子"。遗址坐落在额济纳旗达来呼布镇吉日格朗图嘎查西南约19.5公里处广阔平坦的戈壁滩上，面积不

红城

大，是汉代张掖郡居延都尉府辖区内具有中等规模的一座障址，但历经两千余年的风雨，墙体依然高大、壮观。

障址平面呈方形，边长22.5、残高7.6米；以长38、宽18、高13厘米的土坯垒砌为主，每隔3层土坯夹1层芦苇，内、外壁面用黄泥抹平。墙体基宽约4、顶宽约2.6米，顶部残留有高0.6米左右的女墙，为土坯砌筑而成。南墙偏东设门，宽约3.2米。城内西南角似有通往城墙顶部的通道。除部分墙皮脱落外，墙体保存基本完好，仅在东墙中部发现1处

豁开的洞口，宽2、高4米，洞口以上部分墙体犹存。遗址四周有散落的汉代灰陶片等遗物。

该障址与A14烽燧、T85烽燧、K797障呈东北—西南走向共同布列于居延都尉府甲渠塞中段的东侧，间距1.3到2.8公里不等，是护卫在汉代张掖郡居延都尉府所辖居延屯田区西侧的第二道防线。1976年甘肃省文物工作队等单位对其进行了调查，因为这座障址内、外无任何建筑遗迹，没有发现灰层，地表陶片也很少，推测它可能使用不长时间就废弃了。

红城东北角

东墙中部豁口

‖47‖ 额济纳旗大同城址（K789城）

撰稿：胡春柏　傅兴业

摄影：傅兴业　岳够明

全国重点文物保护单位。

K789城是20世纪30年代中瑞西北科学考察团所采用的编号，又名"大同城"，俗称"马圈城"，蒙语称"呼钦浩特"。遗址位于额济纳旗达来呼布镇吉日嘎郎图嘎查西南约18.5公里，坐落在干涸河床南岸的荒漠平滩上。

城址平面呈"回"字形，由内城和外城两部分组成。墙体均为黄土夯筑。内城平南呈长方形，南北长92、东西宽87米，门设在南墙中部。墙体残高7米，可见大小比较均匀，由上到下排列较为规律的圆形洞孔，应为木柱腐烂后的残留。外城平面也呈长方形，东西长223、南北宽184米。四面墙体均已倾圮坍塌呈土垄状，墙体基宽4、残高4米。东墙和

大同城

内城南墙

内城现状

内、外城南墙现状

西墙设有城门，门外加筑长方形瓮城。城墙西北角被河水冲刷已经消失，南城墙残存一小段墙体，东墙的马面和瓮城保存较好。

关于这座城址的始建年代和历史沿革颇有争议。中瑞西北科学考察团曾在内城地表采集到唐钱、宋钱和五铢钱，据此提出内城是汉代以后增筑。1976年，甘肃省文物工作队调查时，发现内城地表散落较多汉代陶片，内城外多黑釉瓷片，外城城墙中包含汉代绳纹陶片；在此基础上结合内城、外城的建筑结构提出，内城可能始建于汉代，外城的年代大体与黑城相当。也有学者认为大同城在北周时期为同城戍，隋代为西凉州所辖的同城镇，唐代武则天执政时期为安北都护府，管理漠北归附的突厥部落，唐玄宗时期在此设置宁寇军。

‖48‖阿拉善右旗阿门乌苏烽燧

撰稿：胡春柏　范荣南
摄影：范荣南

阿拉善盟重点文物保护单位。

位于阿拉善右旗阿拉腾敖包镇胡树其嘎查东南约35.9公里的山丘顶部。东、两侧与山体相连，西、北两侧是广袤的沙漠戈壁，一望无际。

烽燧仅见孤立的墩台，南侧保存完好，外壁全部由石块包砌，十分壮观。墩台为高大的覆斗状，平面呈圆形，剖面呈梯形，自下而上有收分；外部采用青灰色石块错缝堆砌，内部主要以梭梭柴搭建，当中填充草、碎石和少量黄土。底部南北最长30.2、东西最宽28.6米，顶部凹损，南北长5.3、东西宽4.2、存高6.4米。北壁局部坍塌严重，石块散落于墩台底部，暴露出排列整齐的梭梭枝干和内部填充的土石。南侧1.6米处有一直径1.6、深0.6米的盗洞；东5米有一后来所建的石筑圆形敖包。

阿门乌苏烽燧属于分布在阿拉善右旗北部的汉代笋布日乌拉山沿线列燧之一，西南约11.7公里处有塔塔勒乔吉烽燧，东北约27.6公里处有双敖包1号烽燧。

局部

远景

‖49‖阿拉善右旗红山墩烽燧

撰稿：胡春柏　范荣南
摄影：范荣南

阿拉善盟重点文物保护单位。

位于阿拉善右旗阿拉腾朝克苏木瑙滚布拉格嘎查东南约18.3公里的土丘顶部，因处于低山丘陵地带，地势平缓，西侧有一条南北走向的河沟。地表零星生长着几株耐旱植物。

烽燧由墩台、坞和附燧等三部分组成。墩台呈高大的覆斗状，平面呈长方形，剖面呈梯形，自下而上收分明显。底部东西长9.2、南北宽8.8米，顶部数据无法测量，通高达14米；为黄土夯筑而成，历经风化侵蚀，外墙皮已脱落，暴露出清晰的夯层，厚20~25厘米之间。东壁中部偏北有一条裂缝，宽2~5厘米，北壁坍塌相对严重。坞连接在墩台西侧，已坍塌，现呈南北长8.2、东西宽6.3、残高1.2米的土台。墩台西北50米处有1座石砌附燧，已坍塌，现呈1.5米见方，残高0.1~0.3米的石堆。

红山墩烽燧是分布在阿拉善右旗西南部的汉代龙首山沿线列燧之一，其东南约11.3公里处有查干全吉烽燧，西北约18.3公里处有芦泉烽燧。它是阿拉善右旗境内少有的几座土筑烽燧之一，高大坚固、保存较好，结构布局清晰，墩台、坞、附燧等设施俱全。

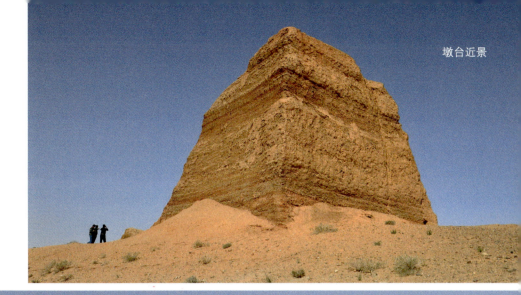
墩台近景

远景

‖50‖ 阿拉善右旗墩根阿木烽燧

撰稿：胡春柏　范荣南
摄影：张有里

远景

近景

阿拉善盟重点文物保护单位。

　　位于阿拉善右旗阿拉腾朝克苏木查干德日斯嘎查西南约19.1公里的山峰顶部，周围群山环绕，绵延起伏，沟壑纵横。北侧有一条宽5米左右的河沟，沟内有泉水，流量很小。地表植被稀疏低矮，以合头藜、珍珠草、沙葱、蒙古扁桃等耐旱植物为主。

　　烽燧仅见一座孤立的覆斗状墩台，高大坚固，结构清晰。墩台平面呈长方形，剖面呈梯形，自下而上有收分，底部东西长8.6、南北宽8米，顶部东西长5、南北宽4.8米，通高9.2米。外部采用较大的青灰色石块错缝垒砌，以泥土勾缝、黏合；内部以土、碎石和杂草层次平铺而成。烽燧整体保存状况较好，仅东壁中部自底向上1.5米处局部坍塌，形成直径0.3米的缺口，石块塌落；西壁南侧有一条宽4~8厘米的裂缝。

　　墩根阿木烽燧是分布在阿拉善右旗西南部的汉代龙首山沿线列燧之一，其南约3.8公里处有金银洞烽燧，西北约6.9公里处有乌鲁图阿木1号烽燧，东北约8.4公里处有巴尔图2号烽燧。

51 ‖ 阿拉善右旗芦泉烽燧

撰稿：胡春柏　范永龙
摄影：张有里

位于阿拉善右旗阿拉腾朝克苏木瑙滚布拉格嘎查西南约600米的山峰顶部。四周群山环绕，南面是牛勒斯山（大青山），西约500米处山谷中有一条大体呈南北走向的河沟，沟内有泉，当地人称之为"上泉"。地表植被稀疏低矮，石缝间生长有蒙古扁桃、珍珠草等耐旱植物。

烽燧由墩台、坞和附燧等三部分组成。墩台平面呈方形，剖面呈梯形，自下而上有收分；底部边长6.8、高6.2米。外部采用黄褐色石块错缝堆砌，内部以木材搭架，再用土、碎石和杂草夯筑而成。整体保存较好，仅局部有坍塌现象，可见内部木质结构分上下两层，间距0.6米，左右3层，间距1.4~1.6米。另外，在墩台四周有高约2米的石块修砌痕。坞连接在墩台西侧，已坍塌，石块散落，仅存基址，长12.6、宽8.2米。墙体残高0.5~1.2米，门向不清。墩台东北43米处分布有1座石砌附燧，已坍塌，石块散落，现呈1.5米见方，残高0.6米的石堆。另外，在墩台北22米处有一排水沟，宽1.5、深0.6~1.2米。

芦泉烽燧是在汉代龙首山沿线列燧位置最靠西北的一座，其东南约28.4公里处为查干全吉烽燧，东南约18.3公里处为红山墩烽燧。

芦泉烽燧

墩台西壁

‖52‖阿拉善左旗哈拉曾浩尼图烽燧

撰稿：张震洲　胡春柏
摄影：张震洲

阿拉善盟重点文物保护单位。

位于阿拉善左旗吉兰泰镇乌西勒格嘎查北偏西约10.6公里的山顶上，南、北、西三侧群山起伏，连绵环绕，东面地势平坦，视野开阔。西侧山峰底部有一条大体呈东西走向的季节性水冲沟。地表植被较

稀疏低矮，偶尔有蒙古扁桃、针茅草等耐旱植物。

烽燧由墩台、坞和附燧等三部分组成。墩台平面呈长方形，剖面呈梯形，底部东西8.2、南北7.6米，上部残损，东西6.2、南北5.2、残高2.6米；采用青灰色易风化的石块错缝堆砌，自下而上有收分；四壁均存有清晰的石砌痕迹，仅东南角和西北角坍塌较为严重，上部有一处直径2.9、深2.1米的盗洞。坞连接在墩台西侧，平面大体呈长方形，东西长9.6、南北宽8.6米。石砌坞墙，宽0.9米。西墙完全坍塌仅存底部痕迹，南墙、北墙局部坍塌，残高0.1~1.6米，门向不清。墩台附近存有2处石砌附燧，均已坍塌，其中西南40.63米处1座，是在4米见方的台基四角分别堆砌起1米见方的石台，残高0.1~0.8米；东南29.6米处1座，是在5米见方的台基四角分别堆砌起1米见方的石台，残高0.1~1米。遗址地表散落有零星的汉代泥质灰陶罐、盆等陶器残片。

哈拉曾浩尼图烽燧是汉代沿哈鲁乃山北麓布设的列燧之一，其东偏南约3.8公里处为夏布日全吉烽燧，南偏西约6公里处为罕乌拉烽燧。

烽燧远景

墩台东北角

53 ‖ 阿拉善左旗布日格斯太2号烽燧

撰稿：张震洲　胡春柏
摄影：张震洲

阿拉善盟重点文物保护单位。

位于阿拉善左旗敖伦布拉格镇巴彦哈日嘎查北约4.3公里的山顶上。东、南两侧为一望无际的戈壁沙漠，辽阔旷远，地势平坦，视野开阔。西、北两侧与山体相连。

烽燧由墩台和附燧两部分组成。墩台依自然地势而建，平面呈长方形，剖面呈梯形，自下而上有收分，底部南北12.5、东西11.3米，顶部残缺，东西4.8、南北4.6米，南高北低，南侧高9米，北侧高7米。外壁采用红褐色易风化的片状石材错缝堆砌，内部每隔0.6~0.8米铺一层梭梭枝条。东壁、北壁自顶部坍塌，西南角距

布日格斯太2号烽燧

石砌附燧

地面1.5米以上缺失近2米，西、南两壁保存基本完整，东北角顶部尚存，形制较为清晰，保存较好。墩台东南31.2米处起共分布有5座石砌附燧，由东向西排列，间距依次为31、1.5、2、63米，均使用红褐色片状砂岩堆砌，俱已坍塌，现呈底部3.8~4米见方，残高0.1~1.1米的石堆。遗址地表散落有零星的汉代泥质灰陶罐、盆等陶器残片。该烽燧是分布在阿拉善左旗北部的汉代哈鲁乃山北麓列燧之一，其东南约1.5公里处有布日格斯太1号烽燧，南偏西约2.5公里处有宝日敖包烽燧，东偏北2公里处有阿尔善敖包烽燧。

墩台南壁

‖54‖阿拉善右旗布宏图烽燧

撰稿：范荣南　胡春柏
摄影：范荣南

阿拉善盟重点文物保护单位。

位于阿拉善右旗阿拉腾朝克苏木那仁布拉格嘎查东北约10.8公里，建于一座较高的山峰顶部。烽燧东、南两侧为龙首山余脉，层峦叠嶂，绵延起伏，西、北两侧为开阔的平原，地势平缓，南约15公里处即是龙首山。地表植被低矮稀疏，生长有耐旱的珍珠草、沙葱等。

布宏图烽燧仅见一座孤立的墩台，未发现坞和附燧等附属设施。墩台呈高大的覆斗状，外部采用青灰色石块错缝堆砌，内部以土、碎石、杂草层次铺筑而成。根据残存石砌痕迹来看，其平面呈长方形，剖面呈梯形，自下而上有收分。局部坍塌，石块散落，现存底部南北最长18.2、东西最宽17.6米，顶部3米见方，高7.2米。其四周挖有壕沟，从地表调查情况来看，上宽下窄，口宽约4.5、底宽约3.5、

布宏图烽燧

近景

石砌痕迹

深0.8～1.5米。

　　该烽燧是分布在阿拉善右旗西南部的汉代龙首山列燧之一，西南约2.8公里处有墩墩山烽燧，西北约7.3公里处有黑山嘴烽燧。关于龙首山列燧，以往有过概略性的介绍，一般认为它的修建始于汉代。在2009年长城资源调查工作中发现，在龙首山沿线还修有一条壕堑，烽燧列布在其东、西两侧，形成了以壕堑为依托，以烽燧为候望传递信息的军事防御体系。壕堑作为长城防御设施，它的修筑一般认为是始于东汉的，那么龙首山沿线壕堑和烽燧的修筑应当也大体同时。

‖55‖ 阿拉善右旗布勒呼木德勒哈勒乔吉烽燧 ——

撰稿：范荣南　胡春柏
摄影：范荣南

阿拉善盟重点文物保护单位。

位于阿拉善右旗阿拉腾敖包镇胡树其嘎查西约23.7公里的山丘顶部，处于戈壁丘陵地带，东、东南、东北三侧均为季节性河道，地势低缓，视野开阔，西侧与山丘相连，地表几乎寸草不生。

布勒呼木德勒哈勒乔吉烽燧由墩台和坞两部分组成。墩台现已坍塌呈圆形石堆，底部东西最长21.6、南北最宽18.7、高3.2米。局部尚能辨识出其原始建筑形式，外部采用青灰色石块错缝堆砌，内部以碎石填充，自下而上有收分。顶部有一

布勒呼木德勒哈勒乔吉烽燧

东南侧的坞

牧民后来堆垒的圆形路标。坞连接在墩台东南侧，平面近长方形，最长约5.4、最宽约3.2米。墙体坍塌，部分存有原始石砌痕迹，残高0.2~1.4米不等。

该烽燧为分布在阿拉善右旗东北部的汉代笋布日乌拉山沿线列燧之一，其东北约2.1公里处有浩乔吉烽燧，东约23.7公里处有苏敏乔吉烽燧。

56 阿拉善左旗宝日敖包烽燧

撰稿：张震洲　胡春柏
摄影：张震洲

阿拉善左旗重点文物保护单位。

位于阿拉善左旗敖伦布拉格镇巴彦哈日嘎查北偏西约2公里的山丘之上，西侧与丘陵地貌相接，北侧为一条东西走向的山脉，东、南两侧地势平坦，视野开阔。

宝日敖包烽燧由墩台、坞和附燧三部分组成。墩台平面呈长方形，剖面呈梯形，底部南北10.5、东西7.7米，上部残损严重，南北8.9、东西4.5米，残高4.2

米；采用青灰色石块错缝堆砌，自下而上有收分，其东、西两侧大部坍塌，石块散落，南、北两侧存有高3米左右的石砌痕迹。坞连接在墩台东侧，平面大体呈长方形，南北长9.6、东西宽6.4米，石砌墙体。南、北两墙坍塌严重，东墙底部保存较完整，门向不清。墩台附近共分布有14处石筑附燧，均已坍塌，其中北侧6米处起南北排列3座，间距3米左右，俱已坍

烽燧远景

墩台及附燧远景

墩台和坞近景

石砌附燧

塌；北侧26米处，在5米×5米的范围内于四角分别筑起一座石台；西北84米处，在5米×5米的范围内于四角筑起四个石台；距坞墙东南角6.8米处，南北排列三座，间距依次为5和1米；西南角向南11米处起，由北向南排列六处附燧，均已坍塌。第一座3米见方，残高1.5米；第二座2.2米见方，残高0.6米；第三座与第二座东南角相连，2.6米见方，残高0.5米；第四座、第五座均为2.1米见方，残高0.6米。以上五座间距依次2.1、0.2、14.5、7.5米。第三座与第四座之间为第六处附燧，是在5米×5米范围内于四角分别筑起一座石台，1.5米见方，残高0.2~0.6米的石堆。

‖57‖ 阿拉善右旗墩墩山烽燧

撰稿：范荣南　胡春柏
摄影：范荣南

阿拉善盟重点文物保护单位。

位于阿拉善右旗阿拉腾朝克苏木那仁布拉格嘎查东北约6.4公里的山峰顶部，北距阿拉腾朝克苏木政府所在地约5公里，四面群山环绕，沟壑纵横，西北约200米处有一条宽广的季节性河床，南北走向。地表植被稀疏低矮，以合头藜、珍珠草、沙葱、蒙古扁桃等耐旱植物为主。

墩墩山烽燧仅见一座孤立的覆斗状墩台，现已多半坍塌，石块散落，根据残存的石砌痕迹判断，其平面呈长方形，剖面呈梯形，自下而上有收分。底部裸露的

烽燧远景

烽燧近景

烽燧局部

部分东西长18、南北宽16米。东壁石砌痕迹存高6.1米，南壁石砌痕迹存高4.8米，西、北两壁石砌痕迹存高5米。外部采用青灰色石块错缝垒砌，内部用土、芨芨草编成的草垫填充夯实，夯层厚约20厘米，共有40多层。

墩墩山烽燧是分布在阿拉善右旗西南部的汉代龙首山沿线列燧之一，东北约2.8公里有布宏图烽燧，西南约5.1公里有乔吉沟烽燧。

‖58‖阿拉善左旗恩格尔烽燧

撰稿：张震洲　胡春柏
摄影：张震洲

阿拉善左旗重点文物保护单位。

位于阿拉善左旗吉兰泰镇德日图嘎查东北约5公里的山顶上，地处绵延起伏的山脉间，群山环绕，西、北两侧山脚下是大体呈东北－西南走向的开阔山谷。坡间谷底零星生长着珍珠草、针茅草等耐旱植物，地表多裸露在外。

恩格尔烽燧由墩台和坞两部分组成。墩台采用青灰色石块错缝堆砌，大部已坍塌呈隆起的石堆，根据西、北两侧底部暴露的石砌痕迹判断，其平面呈方形，剖面呈梯形，自下而上有收分，底部边长9.2米，上部残损，存高2米。坞连接在墩台西侧，依地势而建，平面呈长方形，东西长15.2、南北宽9.2米。墙体使用石块错缝堆砌，底宽2米，门向不清，外侧残高约1.8、内侧高0.1～0.6米。遗址地表散落有零星的汉代泥质灰陶罐、盆等陶器残片。

该烽燧是分布在阿拉善左旗北部的汉代哈鲁乃山北麓沿线列燧之一，其东北约1.3公里处有玛宁敖包烽燧，西南约1.5公里处有阿拉格陶勒盖烽燧。它的墩台虽已坍塌，但坞的平面形状较为清晰，在汉代哈鲁乃山北麓沿线列燧中较有代表性。

恩格尔烽燧

墩台北壁石砌痕迹

西侧的坞

‖59‖阿拉善右旗娃子山烽燧

撰稿：范荣南　胡春柏
摄影：范荣南

阿拉善盟重点文物保护单位。

位于阿拉善右旗阿拉腾朝克苏木查干德日斯嘎查南偏西约10.5公里的山峰顶部，南、北两侧有干涸的季节性河床，大体呈东西走向，东面为戈壁，西北侧山脚下有一牧户。

烽燧远景

娃子山烽燧由墩台和附燧两部分组成。墩台东北侧底部有石砌基础，台体保存较好，平面呈长方形，剖面呈梯形，自下而上有收分；底部东西长13、南北宽7.1、存高5.2米。外部采用青灰色石块错缝堆砌，内部以碎石填充。墩台附近共分布有11座石砌附燧，均已坍塌，石块散乱，现呈石堆状，其中东10米处起自东北向西南排列5座，间距3米左右，直径1.3～1.8、残高0.2～0.8米；西50米处起自东向西排列2座，间距3、直径1.5、残高0.5米；西47米处起，自南向北排列4座，间距3米，直径1.3～1.5、残高

东侧石砌附燧

墩台近景

0.2～0.5米。在地表曾采集到汉代铁器残片及西夏时期黑釉瓷片，据此推测，该烽燧始建于汉代，可能西夏时期继续沿用。

娃子山烽燧与龙首山沿线列燧前后衔接，相互遥望，其西北约5公里处有巴尔图1号烽燧，东南约3.9公里处有赛汉额日根烽燧。这座烽燧保存较好，原始形制清晰，周边存有排列整齐的用于传递信号的附燧，这为我们研究刘汉一朝西北边疆的烽火制度提供了宝贵的实证。

‖60‖阿拉善右旗笔其格图岩画群

撰稿：孙斯琴格日乐　范荣南

摄影：范荣南

阿拉善盟重点文物保护单位。

位于阿拉善右旗阿拉腾敖包镇则勒勃日格嘎查笔其格图山哈登扣布东南约14.6公里处。"笔其格图"为蒙语，意为"有字的山峰"，因山体石壁上刻有文字而得名。

笔其格图岩画群是1987年在第二次文物普查工作时发现。1988年至1989年盖山林、桥英·扎木素、阿·巴音达来等专家对笔其格图岩画进行过考察。之后盖山林

远景

人面像，符号

先生在《巴丹吉林沙漠岩画》一书中，对其部分岩画做过详细的介绍。岩画群分布在笔其格图山南麓的几座山坡和山沟两侧的石壁上，在面积约2平方公里的范围内共发现岩画300多幅。制作方法以凿刻为主，磨刻为辅。画面内容丰富、题材多样，有华丽壮观的放牧、狩猎场面，有各种奇特的人面像、记事符号、文字；有山羊、盘羊、岩羊、马、行人、骑者、狗、狼和骆驼等。

从艺术风格来看，画面质朴粗犷，想象丰富，充满了浓郁的古代游牧、狩猎民族生活气息。根据画面内容初步判断，该岩画群主要为汉代、匈奴时期的艺术作品，对研究北方民族生产生活以及绘画艺术具有重要意义。

文字

羊

‖61‖阿拉善右旗夏拉木岩画群

撰稿：孙斯琴格日乐　范永龙
摄影：范荣南

局部画面

阿拉善盟重点文物保护单位。

位于阿拉善右旗曼德拉苏木夏拉木嘎查西北约9.8公里的夏拉木山。山体南高北低，四周为戈壁草原，地表生长有稀疏的珍珠草、蒙古扁桃、合头藜等耐旱植物。

岩画群主要分布在山顶的黑色岩块上，在长约2.5、宽约2公里的范围内共发现各类岩画1000余幅，其制作方法有敲凿法，磨刻法两种。画面内容以牛、羊、马、鹿、狗、飞禽等动物图案为主，还有骑者、狩猎、舞蹈、弓箭、放牧、记事符号、民间图案等。其中"骑马"图是最常见的题材之一。画面中刻画了附带马镫、马鞍子的单个骑者、骑马放牧的生活情景，也有众多骑者鱼贯而行的场面。从岩画内容中看出，马与北方游牧民族的日常生活和生产紧密相连，是不可或缺的重要部分，除用于追猎野兽、放牧畜群、交通运输和行军打仗外，还把骑马作为体育娱乐方法，用于强身健体。可以说，骑马技术是北方游牧民族的放牧技能，并融会贯通于游牧生活的每一个节奏之中。根据画面内容、题材和风格初步判断该岩画群多数为汉代至元代的作品。

鹿

骑者

西夏和元代

　　西夏和元代的文物点数量与汉代相比大为减少，有200处左右。其中除一处石窟寺和为数不多的岩画群以外，大部分为古遗址。西夏时期的城、障、烽燧等长城防御体系以及从西夏延续到元代的由房址、寺庙、水渠等组成的屯田遗址是这个时期文化遗产的主要组成部分。其中闻名中外的黑城遗址坐落在一望无际的戈壁荒漠之上，包含时代不同的大、小两座城址。小城是西夏黑水镇燕军司驻地，大城为元亦集乃路故城。这座城址最早发现于1886年，此后俄国探险家科兹洛夫、英籍匈牙利人斯坦因、美国人兰登·华尔纳等相继盗挖黑城，掘获了精美的佛像、唐卡、木版画、书籍以及用西夏文和蒙文等各种文字书写的文书等一大批珍贵的文物。在巴丹吉林沙漠腹地人迹罕至的额尔古哈拉区域，保存有几乎未被后世扰动的大规模西夏到元代屯田遗址群，区域内屋舍俨然，水渠贯通，佛塔寺庙点缀其间，再现了昔日繁忙富庶之景象。

‖62‖ 额济纳旗哈喇浩特古城遗址

撰稿：张文平　张文惠
摄影：John Collanan　岳够明　孔群

全国重点文物保护单位。

又名黑城，位于额济纳旗达来呼布镇吉日嘎郎图嘎查南约18公里处，四周是一望无际的戈壁荒漠。

对这座大漠孤城的关注始于19世纪末叶。1886年，俄国人波塔宁首度到达黑城，并从中掘获了珍贵文物。他将这一消息发表在《中国的唐古拉——西藏边区与中央蒙古》一书中。此事一经传开，很快引起了一大批欧美野心家的垂涎，他们披着"科学考察"的外衣，肆意盗挖、劫掠了大量埋藏于这座古城之下的中国文物。1908年3月和1909年5～6月，俄国人科兹洛夫两次大规模盗挖黑城及其周边地区，

远景

大势至菩萨像

城墙外侧

仅佛塔就挖开90余座，获得了包括西夏文书、汉文文书、波斯文手稿、各种佛像、纸币、书籍、卷轴、金碗、铜钱等在内的大批珍贵文物。在此基础上，科兹洛夫写了《蒙古、安多和死城哈喇浩特》一书。1914年，英籍匈牙利人斯坦因再度挖掘了黑城。他在古城内外的庙址及佛塔中掘获了大量汉文文书、西夏文书、波斯文书、回鹘文书、西藏文书、佛像、中统钞、雕版画、水墨画等，并将此次挖掘收获发表在《亚洲的心脏》一书中。在这次挖掘的基础上，先后有《斯坦因西域考古记》和《英藏黑水城文献》问世。1923年，美国人兰登·华尔纳又一次盗掘了黑城，获得

了佛像、壁画、铜镜等文物，还绘制了古城平面图。1927年9月28日，著名的中瑞西北科学考察团对黑城进行过考察。

1983年至1984年，内蒙古自治区文物考古研究所对黑城古城进行了科学发掘，揭露出相互叠压的大、小两座城址。小城位于大城的东北角，是西夏黑水镇燕军司驻地，大城即元亦集乃路故城。小城平面呈方形，边长约238米；城墙为夯筑，基宽9.3米；南墙设门，门外加筑方形瓮城，门向东。有马面、角台等设施，为典型的边防关堡类城址。元代修筑亦集乃路大城时，将小城的东垣、北垣当作大城东墙和北墙的基础，西垣、南垣包

马面

在大城之中，在大城的城市建设中遭到破坏，断续残存，一些地段被利用为民居的墙体。

大城平面呈长方形，东西长421、南北宽374米，以正南北方向布局。四周城垣皆夯筑而成，保存较好，基宽12.5、顶宽4米左右，平均高度达10米以上。东、西两侧设错对而开的城门，城门外拱卫正方形瓮城，瓮城门南向而开。城四角设置向外突出的圆形角楼，城垣外侧设马面19个，计北6、南5、东西各4个。城墙上建

金刚座上的佛陀唐卡

项链

佛教法器铜铃

女墙，系用土坯砌成的矮墙，无垛口。城垣内侧四角、城门两侧以及南墙正中有斜坡形蹬道7处，皆为双行道。城墙外还建有羊马城，随角楼、马面曲折而行，受破坏较重，只在城外的西南部一带有明显遗迹，夯筑土墙，宽约2、残高约2.4米。

城址内有东西向主要大街4条，南北向经路6条，街道齐整。城址内的主要建筑包括总管府大院、诸王府第、司属"广积仓"遗迹和佛教寺庙等。商业区集中在东街和正街之间一带，街道两旁店肆林立，有饭馆、酒店、杂货店、彩帛行、马具铺等并有马市、柴市等农牧产品交换市场。居民区分布在城内和东门外。城内划分为若干坊，坊间小巷便道多有曲折。东门外形成庞大的关厢，除有一条直通东门的大街外，还有几条纵横的街巷。此外，在城内和城墙上散见许多佛寺遗迹，西北角的城墙上耸立着五座覆钵式佛塔。城外西南隅现存有清真寺一座，附近为伊斯兰教徒的墓葬区。

黑城西北角佛塔

彩绘木舍利塔

莲花座鎏金菩萨铜像

城内建筑基址

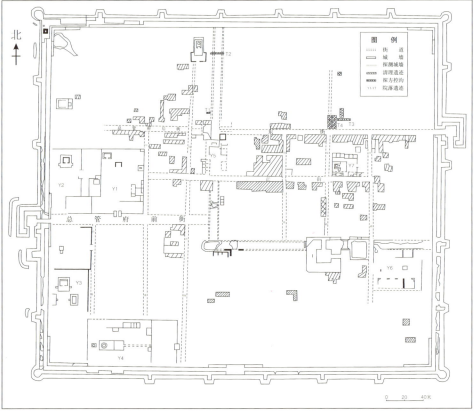

黑城遗址平面图

63 阿拉善左旗双石盒子采石场遗址

撰稿：巴戈那　胡春柏
摄影：杨清亮

阿拉善盟重点文物保护单位。

位于阿拉善左旗巴润别立镇巴彦朝格图嘎查东南约25.8公里，四周群山环绕，南20米处有一条较大的水冲沟。

双石盒子采石场遗址所在地为贺兰山西麓山地丘陵地貌，地势相对和缓，海拔高度在1300米左右，西与阿拉善高原相接。受中生代燕山运动和新生代喜马拉雅山运动的影响，曾经沉积在海底的岩层逐渐抬升，在地表上形成了由红色沉积砂岩构成的自然山体。由于砂岩质地较软，易于开采，造型，加上相对便利的运输条件，使这里一度成为石料集中开采区。采石场的核心区域即处于两座由红色沉积砂岩构成的山体上，在1万平方米的范围内共发现8处采石地点，山体上由于采掘石料留下的各种凿痕比比皆是，十分清晰，较粗凿痕直径6厘米，间距10厘米，较细

双石盒子采石场遗址

采石痕迹

采石痕迹

采石形成的废料

凿痕直径1厘米，间距3厘米。采石面全部集中在山体西侧，周边散落着大量的废料。其中面积最大的一处南北长128、东西宽95米，废弃的石料随处可见。

双石盒子山采石场距西夏王陵仅25公里，西夏3号陵中出土的力士碑座和石像生残块所用石料与该采石场出产的石料相近。据此推测，这座采石场的年代可能为西夏时期。

⫴64⫴ 额济纳旗额日古哈拉遗址

撰稿：胡春柏　张新香
摄影：岳够明　傅兴业

位于额济纳旗达来呼布镇吉日嘎郎图嘎查东南约26公里的荒漠中，地处巴丹吉林沙漠西北边缘，流沙漫布，地表受风蚀作用而坑洼不平，一座座高大的红柳包散布其间，人迹罕至，无路可寻，当地牧民给这里取了一个十分形象的地名"额日古哈拉"，意思是"容易迷失方向的地方"。

日古哈拉遗址分布范围相当大，据初步调查，在方圆约25平方公里的范围内，共发现房址、水渠、佛塔、寺庙、窑址、墓葬等遗迹40余处。房址皆为土坯建筑，由多个房间组成，有的墙体还存有一定高度，可见土坯之间整齐铺垫的草层和墙壁上涂抹的黄色草拌泥。有些则仅存残基。一条条水渠纵横交错、四通八达。这处遗址自从废弃后就很少受到后世扰动，所以最大限度地保留了它的初始状态。房址中

房屋遗址工作现场

水渠

房址

石碾、石磨、石碌完整无损，陶片、瓷片俯拾即是。庙址中散落着泥质擦擦佛像。间或被风吹开的地方，暴露出原来的地表，破碎的白釉黑花瓷罐残片洒落一地，大块的酱釉剔花瓷器口沿碎置于地面。

额日古哈拉遗址位于绿城以东，是一处规模巨大、保存完好的西夏到元代的屯田区，区域内屋舍俨然，水渠贯通，佛塔寺庙点缀其间，再现了昔日繁忙富庶之景象。也有学者提出它的年代当是汉晋、夏元时期，但在遗址范围内并不见汉晋遗物。

房屋遗址及石碾、石磨

房址中遗留的石磨盘

瓷器残片

泥质佛像

石磨

‖65‖ 额济纳旗红庙遗址

撰稿：傅兴业　胡春柏
摄影：岳够明

全景

被盗掘的泥塑佛像

阿拉善盟重点文物保护单位。

位于额济纳旗达来呼布镇吉日嘎郎图嘎查东南约13.3公里的荒漠沙丘地带。

2004年5月底到6月底，内蒙古自治区文物考古研究所做过试掘。遗址由佛殿、佛塔和僧房等三部分组成，东西长12.6、南北宽8.7米。佛殿由回廊和内室构成，东部居中设门。回廊前宽3.3、后宽2.3、左右宽度均为1.2米，地面以40厘米×40厘米的方砖铺设。佛殿西部居中设有马蹄形虚弥佛座，底基东西2、南北1.8、残高1.1米。佛殿门两侧塑有两尊坐佛，上部已损毁，底座长2.9、宽1.1、高1.4米。寺庙西2.7米处有两座相连的佛塔，均为土坯建筑。北侧的是一座多棱塔，塔基为方形，边长3.5、残高2米。土坯外抹有白灰。塔身西侧大部坍塌损毁。南侧佛塔损毁严重，仅存方形塔基，边长3.1、残高1.1米。佛殿北约7.2米处建有数间僧房，东西长8.9、南北宽8.4米。墙体为土坯垒筑，均已坍塌，残存最高处3.8米。地表可见红色筒瓦等建筑构件。根据这座寺庙的建筑形式、布局及出土遗物判断，其年代为西夏时期。

66 阿拉善左旗西勃图城址

撰稿：张文惠　张震洲
摄影：曹格图

内蒙古自治区重点文物保护单位。

位于阿拉善左旗吉兰泰镇希勃图嘎查西北约16公里，坐落在西勃图平川第四纪形成的红砂岩高台上。

西勃图城址由大、小两城组成，平面均呈不规则的长方形。墙体两侧为石板错缝叠砌，当中填充砂土和碎石。大城东西长62、南北宽47米，坐西向东。墙体基宽0.7、残高0.6～1.8米；在东墙偏南和偏北各设一门，宽度分别为0.8和2.5米。城中尚存一处长13、宽9.6米的高台建筑；高台建筑靠西墙两侧有各有一座9米×7米的黄土台。城内东南角可见大小不等的石砌房屋基址4间，东北角和西北角外各设有一间小型房址，以供瞭望之用，西北角的房址有小门可通往城外。东墙有宽2.8米的三级踏步。此外，在大城南墙外部居中有石砌房屋基址2间。小城建在大城的

远景

城墙

大城城门

西北角，东西长28、南北宽24米，坐北向南。门设在南墙东段，宽1.2米。南墙西段设有一高1.5米的方形高台，供瞭望之用。东北角外可见石筑房址2间。在小城东南方的两个高台上，各筑有大小石砌房址2间，面积分别为50和16平方米。遗址地表散落有典型的西夏和蒙元时期黑釉剔花、乳黄釉瓷片和陶器残片，器形有罐、碗、盆等，采集到北宋徽宗年间"崇宁通宝"一枚。根据地表遗物的特征和城址布局初步判断，它可能是西夏时期的一座具有军事防御性的边城。其战略地位十分重要，有学者推测它可能是西夏时期十二监军司中白马强镇军司的治所白马强镇故城。但是根据实地调查的情况来看，这座城址与布列于阿拉善左旗境内的西夏时期障、城、燧等设施相距较远，虽也有马面、角台、瓮城等防御设施，但其规模与黑水镇燕军司故城西夏黑水城的规模相差悬殊，可能只是边防障城一类的城址。

房址局部

建筑基址

67 阿拉善左旗都尔奔毛道城址

撰稿：张震洲　胡春柏
摄影：巴戈那　胡春柏

阿拉善盟重点文物保护单位。

位于阿拉善左旗乌力吉苏木科泊嘎查西北约23.9公里的山顶上，东、南、北三侧与山体相连，地势相对平缓，西侧为宽广的沟谷，可通行车辆。

都尔奔毛道城址依地势而建，东高西低，平面形状不规则，东西最长147、

南北最宽125米，坐西朝东。墙体两侧使用易风化的片状石材错缝堆砌，内部填充土和碎石，向上有收分，现已坍塌，底宽2.5~3米，保存较好地段上宽1.6~2、残高0.8~2.8米。东墙大体居中处设门，门址宽3米，外侧加筑长方形瓮城，南北长10、东西宽7.5米，墙体坍塌严重，仅东

全景

城内建筑基址

侧存有较好的原始石砌痕迹，北侧依城墙处设门，门址宽2米。城址东南角设有角台，外侧用较大石块包砌，内部填充土和碎石，坍塌范围约5米见方，残高近3米，南侧存有清晰的石砌痕迹。城址西北角向外延伸出14米长的石砌墙体，宽1.5、残高1~1.3米。城内散布有建筑基址十余处，仅存遗迹依稀可辨，多为方形，边长在5~8米之间。城内发现一片残石磨，城外地表散落有较多的西夏时期白釉碗及黑釉器底等残片。

根据该城址规模、布局结构以及城内、城外散布的遗物特征初步判断，这座城址为一座中等规模的西夏时期军事防御性城址。

墙体及西侧的沟谷

瓮城

城内地表残石磨

‖68‖阿拉善左旗图勒根高勒城址

撰稿：张震洲　胡春柏
摄影：巴戈那

阿拉善盟重点文物保护单位。

位于阿拉善左旗乌力吉苏木查干扎德盖嘎查西北约28.89公里处，筑于山地内相对平缓的台地之上，西面为绵延起伏的山丘，西北侧和东侧各有一条季节性水冲沟，二者在其东北侧汇聚成图勒根高勒河，地表植被稀疏低矮，生长有珍珠草等耐旱植物。

图勒根高勒城址平面近圆角长方形，东墙、南墙、北墙长度均为86米，西墙略短，长81米，总面积近7000平方米，坐西朝东。墙体两侧多采用黑灰色石块错缝垒砌，内部填充黄土、石块和细碎石粒，底宽3米，保存较好地段上宽1.5、残高1～3.5米不等。东墙由北向南41米处设门，门址宽3米，加筑有瓮城，大体呈

图勒根高勒城址

城址内部

瓮城门

西南角台

圆角长方形，南北12、东西11米，墙体宽近3、残高1～1.6米，西侧依城墙设瓮城门，门址宽2米。城址西北角筑有半圆形角台，现已坍塌成直径4米的圆形石土堆，残高2米，外侧存有部分石砌痕迹。由于城址历久年深，存在不同程度的坍塌现象，墙体一般已呈垄状，且有多处豁口，外侧砌石脱落，石块及内部填土塌落在墙体两侧。地表零星散落西夏时期白瓷碗口沿和底部残片，另有部分瓷罐残片。

这座城址规模不大，但是瓮城、角台等防御设施俱全，是一座典型的西夏时期边防类城址。它与分布在阿拉善左旗北部的西夏障、城、燧等防御设施前后衔接，相互遥望，其东偏北约5.5公里处有阿日格勒音夏日城址，南偏西约10.7公里处有全几烽燧。

‖69‖阿拉善右旗乌海希勃城址

撰稿：胡春柏　范永龙

摄影：范荣南

阿拉善盟重点文物保护单位。

位于阿拉善右旗阿拉腾敖包镇恩格日乌苏嘎查西北约19公里处，建在丘陵地带一处较为低缓的洼地上，地势平坦，植被稀疏。"希勃"意为"烽火台"或"墩子"。

乌海希勃城址平面呈长方形，东西长约122、南北宽约92米，总面积约1万余平方米。墙体外侧用自然石块垒砌而成，隔若干层平铺大量的梭梭枝干和枝条，间隔

远景

城址西北角

城墙局部地段

无序。现已部分坍塌，顶部宽0.4~2.6米不等，残高在0.5~3.3米之间。西墙有一高7.2 米的"V"字形豁口，东墙设门，由于坍塌所致门址宽度不详。

该城址是1987年阿拉善右旗文物管理所在第一次全国文物普查工作中发现的，关于它的年代，有学者认为是汉代始建，西夏沿用。但是从地表散布的遗物特征来看是单纯的西夏时期遗存。就其所处的位置来讲，与之相距最近的汉代长城烽燧也在57公里以外，难以起到障燧之间互相传递军情信息的作用；而可与西夏时期障、城、燧前后衔接，互相遥望，由此可以初步认定它是一座单纯的西夏时期军事防御性城址。

||70|| 阿拉善右旗塔林拜兴障址

撰稿：胡春柏　范永龙
摄影：范荣南　胡春柏

阿拉善盟重点文物保护单位。

位于阿拉善右旗阿拉腾敖包镇恩格尔乌苏嘎查西北约85公里处，坐落在戈壁丘陵地带一处较高的台地之上，四周地势平缓，视野开阔。

塔林拜兴障址平面大体呈圆角长方形，规模不大，东西长约21.5、南北宽约16.6米，面积约350平方米左右。墙体由片状石板叠砌而成，宽2.35、高2.74米，顶部外侧存有高不足1米的女墙。障址东南部留有一小门，高1.7、宽不足1米，顶部由梭梭枝条与石板混合筑成。障内靠近

远景

近景

西墙和北墙分别设两处斜坡马道，可通往障城顶部，其中在北侧马道的一块砌石上发现一个清晰的刻划符号。障址东侧筑有半圆形石砌围墙，两端与障墙相接，总长19米，南侧有长约9米的一段已坍塌，围墙的东南侧留有一门，宽1米余。

根据现有资料来看，该障址附近除西夏时期瓷片以外，并未发现其他时代遗物，与该障址相距最近的一道汉代防线——笋布日乌拉山列燧距离亦较远，而西北约3.2公里处却有西夏时期的乌兰拜兴障址，基于以上两点原因，可以初步判断塔林拜兴障址是西夏时期的一座军事防御性障址。

障门顶部结构

马道砌石上的刻划符号

障墙顶部的女墙

东侧围墙的门

障门外侧

‖71‖ 阿拉善左旗阿德格艾然全吉烽燧

撰稿：张震洲　胡春柏
摄影：张震洲

阿拉善盟重点文物保护单位。

位于阿拉善左旗乌力吉苏木温都尔毛道嘎查东北约13公里的山顶上，东侧与山体相连，南、北、西三侧均为广袤的沙丘，视野开阔。

阿德格艾然全吉烽燧由墩台和坞两部分组成。墩台底部有石砌基础，基础部分下部8米见方，向上有明显的收分，高约1.5米。台体为片状石材错缝垒砌而成，平面呈长方形，剖面呈梯形，自下而上有收分，底部边长7米，顶部约3.5米见方，残高3米。其西侧坍塌呈斜坡状。坞连接在墩台南侧，依山脊走势而建，平面形状不规则，东西最长7、南北最宽4.7米。墙体采用片状石块错缝垒砌，石料相对较小，砌筑也不规整，现已坍塌，宽约

烽燧全景

墩台远景

南侧的坞

0.6、残高0.3~0.8米。西墙较长，南墙与东墙几乎平直，连接在台体东南角，东南角处设门，门址宽1米。

烽燧所用的石料与它所处的山体石质相同，建筑材料应该是就地取材。虽然遗址周围未发现任何可供断代的遗物，但是它与分布在阿拉善左旗北部的西夏障燧遥相呼应，西北约14.9公里处有苏宏图烽燧，南偏东约19.2公里处有希勃库仁烽燧，南偏东约15.3公里处有温都尔毛道希勃城址，东偏北约10.7公里处有呼热图城址。由此推断，阿德格艾然全吉烽燧的年代为西夏时期，保存较好，墩台和坞的布局非常清晰。

‖72‖ 阿拉善左旗苏木图石窟

撰稿：孙斯琴格日乐
摄影：曹格图

内蒙古自治区重点文物保护单位。

位于阿拉善左旗巴彦浩特镇苏木图嘎查西南约4.5公里处，地处南北走向的山梁上，周边为广袤的戈壁草原。

苏木图石窟开凿于一条长138、高约12米的红砂岩立崖之上，坐西朝东。错落排列洞口16眼，共14窟。洞窟大小不等，大者23平方米，小者5平方米，平面多为正方形或长方形，四壁凿刻平整，壁面多抹白灰，部分洞窟尚未完工。"文革"时期石窟遭到严重破坏，现部分洞窟残存雕刻佛像、主尊莲花座、藻井、供台、藏文、汉字和约40平方米的彩绘壁画。壁画内容为说法图和三世佛图，色彩以绿、黑、红为主色调，绘制精细。崖顶及面阔地带现存有遗址多处，受自然破坏严重，

远景

外侧局部

内部佛像

内部情况

内部彩绘佛像

具体尺寸无法测量。采集标本有西夏、元、明、清各时期瓷片和大量的泥制擦擦。

苏木图石窟是内蒙古阿拉善地区发现的唯一一座石窟寺，是藏传佛教向蒙古草原纵深传播的典型实物资料，对于研究北方游牧民族的历史发展有着重要意义。洞窟始建年代不详，历经西夏、元、明、清时期，为喇嘛教石窟寺。

明清时期

　　明清时期的文物点约150处，除古遗址和石刻外，新增了古建筑。以墙体、壕堑、敌台、烽火台、城堡等组成的明长城防御体系有的沿贺兰山西麓修筑，有的修建于广袤的荒漠草原之上，有的矗立于群山之巅，气势雄伟、巍峨壮观；以延福寺等藏传佛教寺庙和阿拉善王府为主体的清代古建筑古朴细致、典雅秀丽。这两部分共同构成了明清时期阿拉善文化遗产的代表。分布在今阿拉善盟境内的明长城虽已经历了几百年的沧桑变化，依然保存至今。尤其是黄土夯筑的北岔口长城，现存墙体巍峨高大，且保存有完整的女墙，素有"塞上八达岭"之称。延福寺是阿拉善盟最早的喇嘛寺，殿宇设计精美，亭台楼阁色彩艳丽，呈现了清代蒙、汉各族工匠的精湛技艺。广宗寺俗称"南寺"，是阿拉善八大寺庙中规模最大、名望最高的藏传佛教寺庙，寺中供奉有六世达赖仓央嘉措灵塔。福因寺俗称"北寺"，是阿拉善地区仅次于广宗寺的又一大寺，在蒙古、西藏、青海等藏传佛教地区具有一定的知名度和影响力。寺庙内的佛教岩刻造像精美绝伦，堪称佛教艺术的珍品。

⫴73⫴阿拉善左旗明长城

撰稿：张文平　杨建林　胡春柏
摄影：巴戈那　张震洲

　　主要分布于阿拉善左旗东南部的巴润别立镇上海嘎查及巴彦朝格图嘎查境内，地处阿拉善左旗与宁夏回族自治区交界的贺兰山沿线。贺兰山又名"阿拉善乌拉"，山势大体呈南北走向，其东北端与阴山山脉相连，西南与秦岭相接，东侧毗邻宁夏平原。地形特点是南缓北陡，起伏多悬崖，沟狭谷窄。明长城·阿拉善段的构筑就主要是凭借了贺兰山之险要，或建于奔腾绵延的崇山之间，或筑于贺兰山山麓与宁夏平原的过渡地带。

　　这段长城的修筑历史，最早起于明宣德年间。宣德七年（1432年），总兵官史钊镇守宁夏时置斥堠、建关隘。以当时的

赤木口段

军事态势和宁夏的自然地形分析，史钊修建的关隘多分布在贺兰山一线，形成了宁夏西境长城的雏形，也是明长城·阿拉善段修建之肇始。成化十二至十九年（1476~1483年），宁夏巡抚贾俊在任期间，构筑"城西南墙"，自双山南起，至广武界止，长100余里。阿拉善境内明长城南端有一部分便是它的孑遗。此后在嘉靖年间（1522~1566年），宁夏镇守官对贺兰山诸山口关墙进行了几次整修，并不断扩大规模，形成了今天明长城·阿拉善段的规模。

分布在今阿拉善左旗的明长城由东、西两路组成，习惯上分别称为"大边"和"二边"，两道边相距不远。其中大边墙体总长34803米，大体为北-南走向，现为内蒙古自治区与宁夏回族自治区的分界线。按照相关文献记载和现有调查研究成果，当时这段边墙由北向南依次为赤木口、磨石口、北岔口和柳木高，隶属于明代北边防御区的宁夏镇南路和西路防区管辖。

2007~2008年，内蒙古自治区长城资源调查项目组对这部分长城进行了详细的调查。根据此次调查成果来看，这部分长城的修筑遵循了因地制宜的基本原则，选材不一，类别多样，其中包括土墙28682、石墙73、山险墙2315米，另有3733米类别不详，各占墙体总长的82.4%、0.2%、6.7%、10.7%。长城墙体历久年深，又不同程度地遭受了自然和人为因素的破坏，保存状况不尽相同，其中4802米保存较好，15768米保存一般，6483米保存较差，3099米保存差，4651米消失，各占墙体总长的13.8%、45.3%、18.6%、8.9%、13.4%。沿线有敌台18座，及部分烽火台和少量关堡。

由于土资源相对容易的获取性和相对便利的运输条件，在地势平缓之处，土墙仍是优先选择的建筑方式，在所有墙体类别中也占据主要地位。依据土质的不同，又可细分为砂土夯筑和黄土夯筑两种，夯

赤木口长城4段

层厚0.15～0.4米不等，内含细碎石粒。砂土土质相对疏松，受风雨侵蚀容易坍塌脱落；而黄土结构较为细密，保存程度也相对要好。视具体地形条件而异，部分地段的墙体底部有高约0.2～0.3米的石砌基础。为重点防御之需，个别地段的墙体顶部内外建有女墙。为排水之便，部分墙体底部留有石砌的排水孔。现存黄土墙最低处仅1米，最高处可达7.5米，底部最窄处4米，最宽处可达14米，顶部最窄处形如刀刃，最宽处可达4米。部分断口处可见二次加工和修补的痕迹。

石墙仅见于磨石口段，筑于高大的天然基岩峭壁之上，两侧使用较大石块错缝垒砌，内部杂乱无序地以土、石填充。从坍塌处形成的剖面来看，中间填充部分宽约2米，石块之间以泥土粘接，隔层铺垫有树枝。墙体存高2～4.3、底宽约5.5、顶宽约3.3米。

山险墙多于石墙，而远远少于土墙。仅见于赤木口段。其建筑方法是对山体进行铲削、开凿，形成断壁，然后在断壁边沿之上用黄土夯筑墙体，夯层厚0.15～0.2米，内夹大量细碎石块。加筑的墙体视地势高低起伏而定，高矮、宽窄不一，现存最低处0.3、最高处可达5米，底部最窄处2、最宽处6米，顶宽或1米左右。之所以称之为山险墙，是因为它除了加筑墙体之外，更凸显了营建防御设施时对自然地形、地势的观察和利用。

二边墙体主要分布于大边的西侧，基本是由筑于沟谷地带的不相连续的短墙构成。有些地段与大边墙体几乎平行，二者相距最近10余米到50米不等；有些地段直接与大边墙体相连。全长44789米，大体呈北—南走向；其中包括土墙3417、石墙5632、山险墙22498、山险3424、壕堑7650米，另有2168米类别不详；各占二边墙体总长的7.6%、12.6%、50.3%、7.6%、17%、4.9%。沿线有敌台7座及少量烽火台和相关遗存。

土墙数量不多。见于赤木口段、磨石

磨石口长城16段

磨石口长城二边8段

磨石口长城二边12段

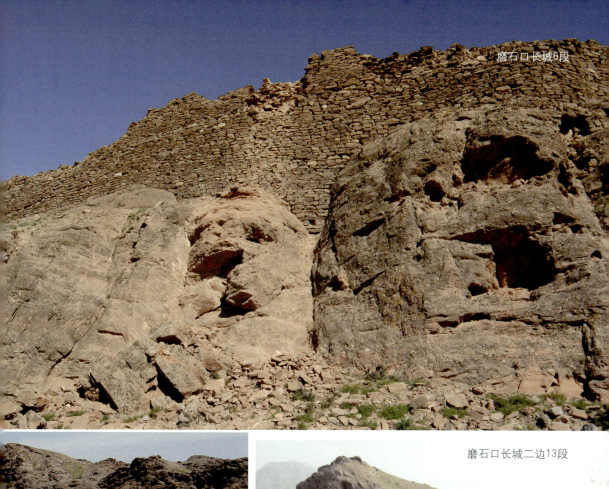

磨石口长城6段

磨石口长城二边13段

磨石口长城二边15段

北岔口长城5段

北岔口长城6段

北岔口长城二边6段

北岔口长城二边12段

北岔口长城6段

口段、北岔口段和柳木高段。其建筑方法或者直接以黄土堆筑，土质疏松，内夹细碎石粒。这种构筑方式建成的墙体往往并不坚固，保存也不好，多已坍塌呈土垄状，现存最高处不过2、最低处仅0.6米，底部最窄1.2、最宽1.4、顶宽1米左右。或者直接以黄土夯筑，或者在高0.2~0.4米的石砌基础上以黄土夯筑，夯层厚0.1~0.3米，土质疏松、细密不等，内夹细碎石粒。部分地段有女墙，保存相对较好，最低处0.4、最高处7米，底宽1.5~6、顶部最窄0.3、最宽2.8米。

石墙较土墙略多，见于磨石口段、北岔口段、柳木高段、围沟段、乌兰库特勒段和乌兰哈夏段。是在地表上直接以石块错缝垒砌，局部地段有女墙。保存状况参差不齐，最低处仅0.1米，最高处3.2米，底部最窄0.4、最宽3.5米，顶部最窄0.2、最宽1.3米。

由于二边的建造不似大边规整严密，在很大程度上直接利用了自然地势条件，所以山险墙在总量上占据显著优势，见于赤木口段、磨石口段、北岔口段、柳木高段、围沟段和乌兰库特勒段。其建筑方法或直接借助自然地形的险峻地势，或者对山体进行铲削形成峭壁，而只在山势平缓或低洼处补筑土墙或石墙。补筑墙体现存状况不一，石墙最低处不足0.1米，最高处4米，宽0.5~4米；土墙为黄土夯筑，部分地段顶部残存有女墙。通高可达4.5米，底宽1.5~5、顶宽0.5~3.1米。也有少数地段只是铲削山体使之形成峭壁，但并不补筑任何墙体，高1~4米之间，宽2~3米。

山险在数量上仅多于土墙，见于磨石

口段、北岔口段和柳木高段。是指单纯地利用自然山体的险峻，没有任何人为加工的迹象。

壕堑数量上次于山险墙，只见于柳木高段。其构筑方式是，挖掘壕沟，将挖出的黄土堆积于东侧，堆筑成墙体。墙

体已坍塌呈土垅状分布，高1~2、宽2~8米，东距大边墙体11~50米。壕沟受洪水冲刷及泥沙掩盖，可见深度0.1~0.6、宽6~12米。

　　这段长城是有明一代为防御其北边的蒙古族势力南下侵扰所筑，虽已经历了几百年的沧桑变化，依然保存至今。尤其是黄土夯筑的北岔口长城，现存墙体高大，且保存有完整的女墙，素有"塞上八达岭"之称。

⫴74⫴阿拉善左旗磨石口长城二边1号敌台

撰稿：巴戈那　张震洲

摄影：巴戈那

位于阿拉善左旗巴润别立镇上海嘎查东南约15.91公里贺兰山脉的一座山头上，南邻沟谷，地势险峻。

敌台倚磨石口长城二边的一段山险墙而建，实心结构，黄土夯筑，夯层厚0.2米，土质疏松，当中夹有细小砾石。台体平面呈方形，剖面呈梯形，自下而上有收分；底部边长10米，顶部有残损，边长4.5米左右。受自然地形的影响，台体西高东低，西侧高8米，东侧高6米。由于经年累月的风雨侵蚀外壁夯土剥落，表面遍布大小、深浅不一的孔洞，局部由顶至底坍塌，形成凹槽，底部有坍塌形成的斜坡。东侧、西侧、东南角、西北角底部因风蚀而悬空。

该敌台是分布在磨石口长城二边沿线的4座敌台之一，其西北约300米是磨石口长城二边2号敌台。

近景

远景

‖75‖阿拉善左旗磨石口5号烽火台

撰稿：巴戈那　张震洲
摄影：巴戈那

阿拉善盟重点文物保护单位。

位于阿拉善左旗巴润别立镇上海嘎查东南约16.38千米贺兰山的一座山头上，东侧多沟壑，是南侧磨石沟和北侧小沟的交汇处。

烽火台为实心，黄土夯筑而成，夯层厚0.1~0.2米，土质较细密，当中夹有细碎石粒。台体平面呈长方形，剖面呈梯形，自下而上有收分；底部边长11米，顶部有缺失，东西长6、南北宽4.3、存高8米。保存状况一般，四壁夯土剥落，有风蚀虫蛀洞孔，塌落的土块堆积在底部形成斜坡。南壁中部自上而下形成凹槽，底部有风蚀悬空现象；北壁由顶至底坍塌比较严重。

在烽火台东侧5米处有一石砌长方形建筑基址，坍塌比较严重，东西长10、南北宽3、残高0.2~0.6米。台基上有4座石砌小台子，均已坍塌严重，准确数据无法测量。烽火台东侧20米处起共分布6座石砌附燧，由西向东排列，间距1.5米左右，坍塌严重，现多呈2米见方，残高不足0.5米的石堆。

这座烽火台是沿贺兰山西麓明长城二边墙体东侧而建的通讯瞭望设施，西距磨石口长城二边墙体约50米。

远景

近景

‖76‖ 阿拉善右旗孟格图洞穴遗址

撰稿：胡春柏　范荣南
摄影：范荣南

　　位于阿拉善右旗阿拉腾朝克苏木查干德日斯嘎查西北约12.1公里处的孟格图，东南距阿拉腾朝克苏木政府所在地约12.3公里。

　　洞穴处在山谷中一座山峰的山腰处，系人工开凿而成，现保留有高约1.5米，宽约3米，进深3.5米的洞室。在洞口东侧的岩壁上发现有以磨刻为主要技法绘制的3幅人面像。其中左下方两个，布局紧凑，右侧人面的眼、口部位均采用雕凿技法成形，刻痕较深，立体感较强，颇具表现力。右上方一个，只有面部的一周轮廓线相对清晰。此外，在洞口处的石壁上还发现诸多刻写的文字，部分已漫漶不

孟格图洞穴遗址

清，无从辨认；其中洞口上方石壁上有一些文字尚可辨识，为"一行七十 到此有□"。进入洞内约2米左右，在洞顶石壁上有四行文字，自右往左竖向排列，经调查人员初步识读，字面内容为"此洞北□有 □欢君□要来此 □他□□疼□□□□也□"。

洞口部分岩石风化脱落，洞内石壁上有明显的被烟熏过的痕迹。因所处地势较高，人迹罕至，故而受后世人为破坏较少，遗址保存比较完整。依据人面的造型特点和文字的书写风格，可将该洞穴遗址的年代初步定为明清时期。

洞内顶部石壁上的刻文

洞口东侧的人面岩画

‖77‖阿拉善左旗定远营古民居

撰稿：孙斯琴格日乐　张新香
摄影：敖云

全国重点文物保护单位。

位于阿拉善左旗巴彦浩特镇王府街北侧，坐落在贺兰山西麓的低山丘陵区，北靠后营盘山，东与延福寺相接，总占地面积约2.8万平方米。

自清雍正九年（1731年）阿拉善旗王府兴建始，逐步扩展，形成了一片规模较大的民居建筑群落。这片民居主体部分布设采用"南北为街，东西为巷"的格局，以牌楼、城隍庙所在的城隍街为轴线，分东、西两部分。城隍街西部民居分为四道巷，每巷有11户居所，主要为王府官吏、上层喇嘛的居所。城隍街东部民居分为四道巷，每巷有5至6户居所，主要为王爷近支、上层喇嘛的居所。巷内建筑形式因主人身份地位的差异而有所区别，但基本格局大体相同。其中以城隍街西部头道巷21号、37号院落保存较好。

定远营古民居

头道巷21号院坐落在城隍街西，长29、宽20米。分前后院，前院深11.15、后院深5.8米。前院两侧有东西厢房，院中间由院门至正房，东厢房至西厢房间设"十"字甬道。正房坐北朝南，面阔3间，宽8.46、进深10.25、高4.26米，带前廊，对开门，支摘窗，设雕花斗拱，平顶，抹泥。悬山式院门，高4.46、宽1.72、进深1.65米；门洞高1.71、宽1.34米。

头道巷37号院坐落在城隍街西，长26、宽12.5米。分前后院，前院深11.15、后院深5.7米。前院两侧有东西厢房，院中间由院门至正房，东厢房至西厢房间设"十"字甬道。正房坐北朝南，面阔3间，宽8.94、进深8.1米，带前廊，对开门，支摘窗，设雕花斗拱，平顶，抹泥。卷棚式院门，高4.56、宽2.56米，门洞高1.91、宽1.46米。

定远营古民居既承袭了宁夏式传统民居保暖、简洁的特性，又兼具北京四合院的建筑风格，同时吸收和利用了蒙、回、藏等少数民族的建筑风格及装饰，形成了阿拉善特有的和硕特式民族传统民居，是多民族建筑艺术的融合。它与东面的延福寺、王府及周围古城墙共同构成了定远营古城不可分割的有机整体。

这处古民居虽在"文革"时期受到一定程度的破坏，年久失修、改建、翻建等人为因素对其整体面貌、局部特征和内部陈设也有所影响，但原有建筑风格尚存，主体建筑保存尚好。

头道巷21号院内景

头道巷37号院内局部

头道巷37号院东厢房

‖78‖阿拉善左旗阿拉善王府

撰稿：孙斯琴格日乐　张震洲
摄影：张震洲

全国重点文物保护单位。

位于阿拉善左旗巴彦浩特镇王府街16号，处于定远营城内东南部。这里紧靠营盘山，地势较高，平缓开阔。

清雍正四年至八年（1726～1730年），在贺兰山西部修建定远营，并派兵

迎恩堂

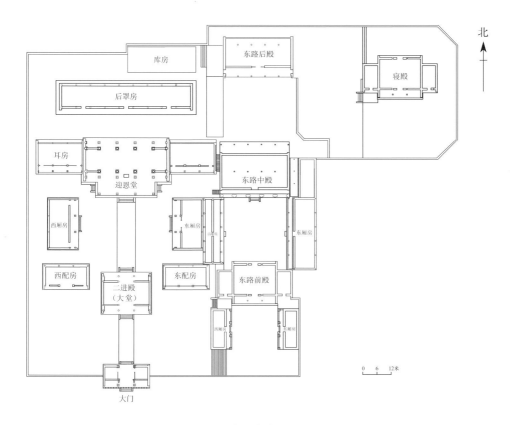

阿拉善王府总平面图

驻扎，镇守阿拉善地区。1731年，雍正皇帝将该城赐予战功卓著的阿拉善和硕特旗多罗郡王阿宝。于是，阿宝始在城内兴建王府。此后至1949年，这座王府一直是阿拉善和硕特旗历代旗王居住和办公之所。历经两百余年的增修和扩建，至第十代旗王达理扎雅执政时期，这里已经形成了一处规模宏大的建筑群落。

王府总占地面积约2万多平方米。主体由中路、东路和西路三座府邸组成，其中中路和东路均为三进院落、中轴对称的四合院式布局，西路在"文革"时期遭到破坏。中路由南至北，有府门、过厅、正厅（迎恩堂）、后罩房等

建筑。府门毗邻于定远营南城墙，进入府门，便是王府的第一进院，正面为过厅，两侧建有东西配房。过厅、配房和王府院墙组成第一进院落。通过过厅，进入王府第二进院落。正面为迎恩堂，紧贴迎恩堂主体建筑两侧山墙建有东西耳房。院东西两侧建有东西厢房。迎恩堂、耳房、厢房组成第二进院落。东耳房东侧有通道至第三进院。第三进院的建筑有后罩房和库房。建筑多属前置檐廊、大木硬山或大木卷棚硬山式构制，其中正厅迎恩堂为举行大典、接待朝廷大员，听宣圣旨、迎送贵宾及旗务议事之所，其地位等级高于府内其他建筑。

全景

益壽延年

东路中殿

后罩房

东路由前殿、中殿、后殿三部分组成。前殿、中殿均配有东西厢房，后院仅有正房。东路后殿的东侧建有寝殿，为阿拉善末代王爷达理札雅的居所，落成于民国时期。

阿拉善王府由若干个明清时期建筑风格的四合院组成，相互融会贯通，构成一个庞大的建筑群体，雕梁画栋、古雅精致。中路建筑属札萨克办公之所，建筑宏伟质朴，严肃简捷。东路建筑曾于民国时期加以修缮，在传统建筑结构上吸取了西洋建筑的风格，形成了中西合璧的建筑形式。后院为王府花园，楼台亭榭、曲折回廊、奇花异木遍植其间。整体建筑风格为典型的明清风格的北京四合院建筑和颐和园园林风格建筑，故有"小北京"之称。因城区交通设施的扩建，原定远营南城墙被拆除改建马路，王府府门也向后迁建，院内增建了一些新的建筑，现在为阿拉善和硕亲王府博物馆。

寝殿（末代王爷达理札雅居所）

‖79‖阿拉善左旗延福寺

撰稿：孙斯琴格日乐　胡春柏
摄影：张震洲

全国重点文物保护单位。

位于阿拉善左旗巴彦浩特镇王府街北侧，即定远营城内中部偏南，阿拉善王府

的西侧。

清雍正九年（1731年）在定远营城内汉式寺庙"罗汉堂"的基础上扩建。因为

全景

是王府的家庙，所以也称"王府庙"、"王爷庙"、"衙门庙"，藏名"格吉楞"。 乾隆十年（1745年），阿拉善亲王罗布桑道尔济，为给已逝父母修福超度，出资一万两白银，建造了49间宽的大雄宝殿，周围有108个法轮。乾隆二十四年（1759年），旗王府向清廷呈请寺名，次年赐四种文字书写的"延福寺"匾额。同时封该寺"甘珠尔"上师为"朝廷大喇嘛"。 嘉庆十年（1805年），阿拉善第四代旗王玛哈巴拉为纪念上尊亲王的功

德，兴建了阿格巴殿、观音殿、达里克庙等经殿，维修扩建金刚殿、药王殿。道光十三年（1833年），阿拉善第五代旗王囊都布苏隆再次扩建。1923年，延福寺甘珠尔巴格根阿格旺却吉扎木苏兴建了东科尔殿。1933年阿拉善亲王达理札雅下令，由旗扎萨克出资800块银元翻修大雄宝殿，之后为迎接第九世班禅额尔德尼大师，出资整修了延福寺，并为班禅准备了八宝嵌龙狮子宝座。1938年，达理札雅又下令，修建了专奉阿拉善佛和阿拉善土地爷的双层经殿。

经过几百年的建设，延福寺已发展成为规模宏大、气势雄伟、众僧云集的寺庙，总占地面积7600余平方米，由山门、鼓楼、钟楼、转经楼、白哈五王殿、吉祥天女殿、三世佛殿、大雄宝殿、观音殿、阿拉善神殿组成。山门，坐北朝南，占地约57平方米。券门，假窗，墀头饰雕砖，飞檐，硬山，前后覆筒瓦。钟楼、鼓楼，面积均不到10平方米。券门，四角飞檐，攒尖。这是乾隆五十五年（1790年）由阿拉善第四代旗王和福晋捐资建造的。转经楼，坐北朝南，面积不到10平方米。平面呈八角形，三级踏步，飞檐，双重攒脊，顶覆筒瓦，内藏清朝出版的藏文《甘珠尔》大藏经。白哈五王殿、吉祥天女殿，均为五间汉藏结合式建筑，面积均在100平方米以上。三级踏步，带前廊，藏式门窗，飞檐，歇山顶，前后覆筒瓦。其中吉祥天女殿供奉的吉祥天女神像

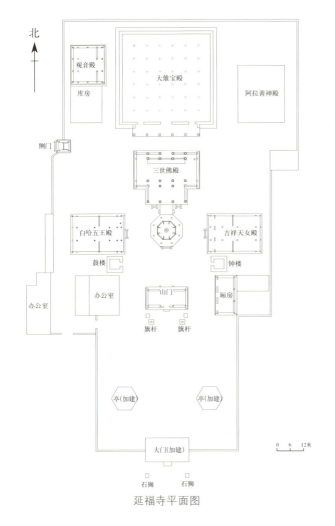

北 ↑

观音殿
库房
大雄宝殿
阿拉善神殿
侧门
三世佛殿
白哈五王殿
吉祥天女殿
鼓楼
钟楼
办公室
办公室
山门
厢房
亭（加建）
亭（加建）
旗杆
旗杆
大门（加建）
石狮
石狮

0 6 12米

延福寺平面图

（藏名"班达拉姆"），是阿拉善旗第二代旗王阿宝请来的画像，有近300年的历史。三世佛殿，坐北朝南，面积180余平方米，面阔五间，平面呈"凸"字形。三级踏步，隔扇门。墀头饰雕砖，飞檐，前后覆筒瓦。殿的形式系汉式建筑，外观分前后两部分，前半部分是三间门庭式两角飞檐拱形歇山顶；前墙是三个木制门面，东墙侧墙各为木格页窗；后半截是五间汉式歇山顶建筑，小巧玲珑，这是乾隆十年（1745年）由第三代亲王罗布桑道尔济所建。殿内前梁上悬挂着乾隆十六年乾隆皇帝用蒙、藏、满、汉四种文字御书钦赐的"延福寺"匾额，上书"大清乾隆岁次庚辰捌月拾陆日"等字。大雄宝殿，坐北朝南，两层建筑。下层面阔七间，十级踏步，藏式门窗。上层面阔三间，飞檐，歇山顶，后覆筒瓦。观音殿，坐西朝东，是三间歇山顶出廊汉式庙宇，殿中间有两个

山门

转经楼局部

大雄宝殿

红漆木柱，上有两条悬雕盘龙，形态生动。阿拉善神殿坐落在大雄宝殿的东侧。殿内供奉着阿拉善神塑像，他是阿拉善旗的地方保护神，不仅宗教职业者崇拜，牧民群众也普遍信仰。

延福寺是阿拉善旗最早的喇嘛寺，殿宇设计精美，亭台楼阁色彩艳丽，呈现了清代蒙、汉各族工匠的精湛技艺。该寺历史上曾设四大学塾（札仓），有时轮、显教、医理、教义等学部，是内蒙古地区仅次于"五当召"的学问寺之一。

观音殿

‖80‖阿拉善左旗昭化寺

撰稿：孙斯琴格日乐　胡春柏
摄影：曹格图

内蒙古自治区重点文物保护单位。

位于阿拉善左旗嘉尔嘎勒赛汉镇鄂门高勒嘎查东北约0.69公里。蒙语称"朝克图库列庙"，是阿拉善地区八大寺之一。

该寺始建于清雍正十二年（1734年），同治八年（1869年）受到破坏，损毁严重。光绪二十六年（1900年）修复。

光绪二十九年（1903年）清廷御赐"昭化寺"满、藏、蒙、汉四种文字书写的金字匾额。"文革"中又惨遭破坏，只有被头道湖粮站征用的大雄宝殿和菩萨殿得以保存下来。20世纪80年代，原寺喇嘛却达尔满吉主持重修了这座历经两百年沧桑的寺庙。

重修后的昭化寺平面呈长方形，分布

全景

山门（外—内）

山门（内—外）

八宝塔

大雄宝殿正面全景

范围南北长115、东西宽75米，为汉藏式砖土木结构建筑，坐北朝南，主体建筑有山门、佛塔、大雄宝殿、观音殿、僧房、院墙等。其中山门原为面阔三间，无廊，二层卷棚式建筑，后改建为面阔三间，二层歇山式建筑，左右两侧置有高约2米的穹形侧门。主体建筑大雄宝殿居于寺院的中心位置，为汉藏式二层建筑，平面呈凸字形，坐东向西。下层面阔七间，设左中右三个门，藏式门窗，内中四柱通天井顶部；前廊面阔五间，五级踏步。上层面阔三间，为歇山式，飞檐，一道正脊，四道垂脊，四道斜脊相连，前后覆筒瓦。观音殿位于大雄宝殿后东北角，为二层藏式平顶建筑，坐东向西。下层平面呈"凸"字形，面阔五间，设三道门，三级踏步。前

偏殿

观音殿

廊面阔五间，藏式门窗。上层面阔三间，平顶，抹泥。院墙东西长79.6、南北宽60.3、墙高4.4米。院墙四周设有马道、垛口等，四面墙壁都留有排水口。在寺院西南现存10余处保存完好的四合院式古民居，原是喇嘛和贵族的住所。

昭化寺是一座历史悠久的寺庙，六世达赖仓央嘉措圆寂后遗体曾浮厝于此，广宗寺建成后才从该庙请走。它的兴衰起伏记录了清代阿拉善地区藏传佛教的发展轨迹和曲折历程。

经文刻石

‖81‖阿拉善左旗广宗寺

撰稿：孙斯琴格日乐
摄影：巴戈那

内蒙古自治区重点文物保护单位。

位于阿拉善左旗巴润别立镇图日根嘎查境内，地处贺兰山主峰巴音笋布尔西北麓一个群山环抱的宽阔地带。因位于定远营城南，俗称"南寺"，藏文称"葛丹旦吉林"。

广宗寺是阿拉善八大寺庙中规模最大、名望最高的藏传佛教寺庙，寺中供奉有六世达赖仓央嘉措灵塔。仓央嘉措，藏族，生于清康熙二十二年（1683年）。他在五世达赖圆寂十五年后被选认为六世达赖，后被驻藏蒙军首领拉藏汗废黜，在外游历多年。1716年，33岁的仓央嘉措来到阿拉善和硕特旗厢根达来巴格班自尔扎布台吉家，收其子阿旺多尔济为徒，并结识阿拉善旗第二任旗王阿宝。仓央嘉措定

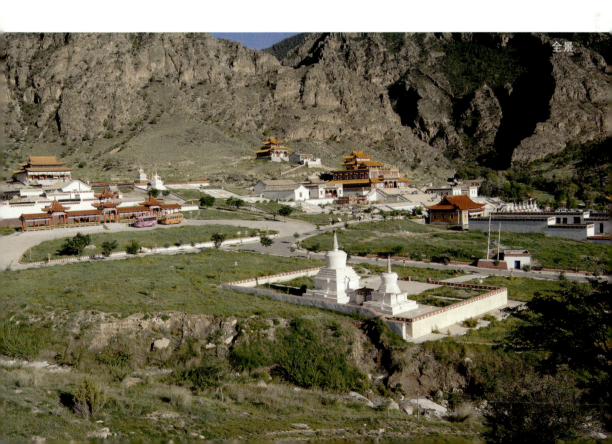

全景

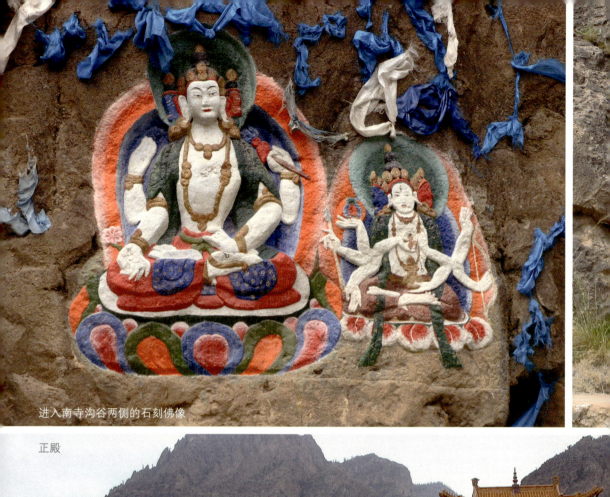

进入南寺沟谷两侧的石刻佛像

正殿

沟谷两侧的石刻佛像

居阿拉善以后，广收僧徒，建筑寺庙，弘扬佛法，是阿拉善佛教文化的先驱。乾隆十一年（1746年），63岁的仓央嘉措在阿拉善沙漠中的承庆寺附近圆寂，并留下了修建南寺的遗嘱。

乾隆二十一年（1756年），阿旺多尔济按照其师父六世达赖喇嘛仓央嘉措遗愿，在贺兰山西麓主持修建寺院，取名"潘代嘉措林"（利乐海寺）。建成后将六世达赖的肉身安放在寺中的镀金塔内供奉，尊为广宗寺的第一代格根（活佛），名"德顶格根"。从达赖六世为广宗寺的第一代活佛起，共转世了六代活佛。广宗寺的活佛有"呼图克图"称号，在清代注册于理藩院。1760年，清乾隆皇帝御赐"广宗寺"匾额。

这座寺庙早期有九间弥勒庙、49间大经堂以及六世达赖的灵塔和庙仓等建筑不

詹卯山庙全景

到两百间。由于旗札萨克和广大群众的大力支持和资助，经过一百余年的积累和发展，庙宇僧舍已达2800余间，僧侣人数也增至1500名。不幸的是，同治八年（1869年），除时轮大殿和金刚亥母殿外几乎所有庙宇均遭马化龙部焚毁，但六世达赖肉身、金刚亥母像、《甘珠尔经》等幸免于难。到该寺第五代迭斯尔德呼图克图，桑吉嘉木苏主持建造了大经堂、僧院大殿和大小寺庙，1932年又修缮扩建了六世达赖灵塔祀殿。扩建后的大殿威严壮观、金碧辉煌，曾经是蒙区建筑中盛极一时的庙宇。20世纪60年代，南寺有六世达赖灵塔殿——黄楼庙、弥勒殿、金刚亥母殿、三世佛殿等佛殿4座，大、小经堂5处和活佛公馆、护法殿等。各殿堂中佛像、佛经不计其数。

六世达赖灵塔为1丈多高的镀金铜塔，塔门镶嵌着各种宝石，塔顶上放有3寸高的赤金无量佛像，大经堂正中为镀金铜制的释迦牟尼和泥塑的宗喀巴师徒塑像，两侧为十六罗汉和四大天王像，堪称佛教艺

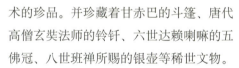

南寺出土泥质千佛塔

南寺出土泥质彩绘释迦摩尼造像

南寺出土泥质彩绘宗喀巴造像

术的珍品。并珍藏着甘赤巴的斗篷、唐代高僧玄奘法师的铃钎、六世达赖喇嘛的五佛冠、八世班禅所赐的银壶等稀世文物。"文革"时期寺庙又一次遭到了破坏。20世纪80年代后，在原址上逐步修建了大经堂、黄楼庙、红庙、多杰帕姆殿、财神庙等建筑。其中供奉六世达赖喇嘛遗体宝塔的"黄楼寺"，是一座两层楼阁的建筑，其前部为81间，后部为49间，全部用黄、绿色琉璃瓦砌成，极为富丽。

詹卯山庙顶部建筑

‖82‖ 阿拉善右旗夏尔嘎庙

撰稿：孙斯琴格日乐　范荣南
摄影：范荣南

阿拉善右旗重点文物保护单位。

位于阿拉善右旗阿拉腾敖包镇巴音塔拉嘎查东南约20.9公里的夏尔嘎高勒东沟中部的一块台地上。"夏尔嘎"系蒙语，意为"浅黄色"，因地表发黄而得名。

该庙始建于乾隆二十五年（1760年），占地面积约1000平方米，坐北朝南，有大僧殿、神仙洞、中殿及经房二十余间。鼎盛时期有上百喇嘛在此修行。1969年，大僧殿及经房被毁，但神仙洞尚

夏尔嘎庙

大经堂

石窟内部

存。20世纪80年代后在原基础上修复大僧殿、中殿等汉藏式建筑15间，1998年7月21日，大经堂失火，殿内东西全被烧毁。后来重新修复，重建的大经堂南北长20.6、东西宽18.4米。寺院外由东向西排列八座宝塔。在石窟上修建了庙宇。

佛塔

‖83‖ 阿拉善左旗将军敖包

撰稿：孙斯琴格日乐　张震洲
摄影：曹格图

阿拉善盟重点文物保护单位。

位于阿拉善左旗巴彦浩特镇巴彦霍德嘎查北约0.5公里处的小山丘上，地表植被稀疏。

清乾隆五十年（1785年），阿拉善第四代旗王旺沁班巴尔时兼任"雅尔盖城"（即银川）梅林章京职务。一次照常从定远营（今巴彦浩特）出发，去"雅尔盖城"例行公务，途中接到乾隆皇帝"命旺沁班巴尔为雅尔盖将军"的诏书，立即攀上后山顶朝着京城的方向祈拜礼谢皇恩，为纪念此事专门建起一座敖包，命名为"将军敖包"。"文革"期间，敖包遭到破坏，2000年对其进行了修复和加固。

将军敖包

西侧小敖包

修复后的将军敖包由一座主敖包和13个小敖包组成。主敖包为石块垒砌而成，是平面呈圆形的三层阶梯式建筑，第一层底部直径3.5米，向上逐层有明显收分。顶部插一根长木杆和多根短树枝，木杆及树枝上系禄马风旗、经文、彩色布条。东南部设有一个贡台。距其5米左右另有1座小敖包，顶部凹陷，内置柏木叶等香料。另外，在主敖包附近由东向西排列有12个小敖包，这些小敖包建造方法非常简单，均为石块堆垒起来的小石堆。有的顶部插着系有彩色布条的木杆或树枝。

将军敖包建筑年代较早，距今已有二百多年的历史，是阿拉善左旗诸敖包中最具有纪念意义的一座。牧民每年都要到这里祭祀，祈求家人平安、六畜兴旺、风调雨顺，同时举行摔跤等体育活动。它寄托了蒙古民族对美好生活的向往。

‖84‖阿拉善右旗巴丹吉林庙

撰稿：孙斯琴格日乐　范永龙
摄影：范荣南

全国重点文物保护单位。

位于阿拉善右旗雅布赖镇巴丹吉林嘎查西约0.5公里的沙漠绿洲上，四周均为沙山，庙边有一个海子，岸边生长着高大的柳树和沙枣树，这里的沙山与海子一衣带水，沙水相映，水天相连。天气晴朗的日子里，寺庙、沙山、树林倒映在湖水中，展现出一种梦幻般的摄人魅力，因而有"沙漠仙境"、"漠中江南"之美誉。

"巴丹吉林苏莫"系蒙语，"巴丹"为人名，"吉林"意为"湖泊"，"苏莫"意为"庙"，因很早以前有一个名叫"巴丹"的人在此居住而得名。该庙的始建年代为乾隆五十六年（1791年），总占地面积270余平方米，坐西向东，由经堂、拉卜楞、时轮法王塔、僧房和院墙等建筑组成。经堂为两层阁楼式建筑，四角形

远景

远景

近景

经堂外侧中部

经堂东北角

经堂西北角

壁画

角楼呈曲尺重楼歇山顶，内设12根梁支撑上层。三级踏步，外墙内有24根梁柱支撑外沿。东南面设有一主门和两个侧门。正面开两扇窗，侧面各开四扇窗。经堂墙壁上满饰佛教题材壁画。拉卜楞和时轮法王塔分别位于经堂南、北两侧，僧房建于经堂东侧。

巴丹吉林庙气势雄伟、庄重肃穆、典雅美观，有"沙漠故宫"之称。据说，这座庙是从银川等地雇用木匠、画匠、泥匠，从雅布赖山拉运基石，从新疆驼运栋梁，从几十里路外运砖而建成。巴丹吉林庙至今已有二百余年的历史，是阿拉善地区唯一一座保存完好的寺庙，对我们研究阿拉善地区清代建筑史、宗教史具有非常重要的意义。

拉卜楞

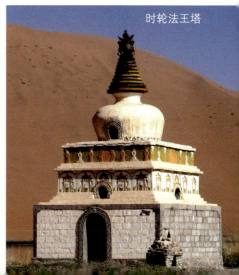

时轮法王塔

‖85‖ 阿拉善左旗妙华寺

撰稿：孙斯琴格日乐
摄影：巴戈那

阿拉善盟重点文物保护单位。

位于阿拉善左旗敖伦布拉格镇希尼乌素嘎查东南约36公里处的台地上，四周为荒漠草原，地势平坦。

据妙华寺寺志记载，乾隆六十年（1795年）有一位名叫班珠尔的人，在巴颜图克木建了一座12间的小庙。因风水不佳，嘉庆二十四年（1819年），迁至道兰呼都格，取名"图克木庙"，成为广宗寺的属庙。此时共有大小殿宇9座，房舍152间。1912年民国政府赐"妙华寺"匾额。"文革"期间，寺庙遭到严重破坏，1974年被拆毁。1986年，在庆德门敖包（图克木嘎查驻地）重建。寺院为汉藏式结构，大体坐北朝南，略偏东。以山门、大雄宝殿、观音殿为中轴线，大雄宝殿两侧建有

大雄宝殿

妙华寺

厢房

白塔

铭文锅

僧房。山门为两枋式建筑。院内东北角建有一座六层圆形收封鼓腹式灵塔，塔基边长3米，亚腰式基座。

妙华寺是阿拉善地区八大寺之一，寺内现存清代晚期铁锅两口，极盛时期有喇嘛二百五十余名。

║86║阿拉善左旗达里克庙

撰稿：孙斯琴格日乐
摄影：曹格图

内蒙古自治区重点文物保护单位。

位于阿拉善左旗巴彦诺日公苏木阿日呼都格嘎查南约100公里处，坐落在布图音乌拉西段，三面环山，东南方为开阔地。"达里克"系蒙语，意为"度母"。

达里克庙始建于嘉庆二十四年（1819年），道光、咸丰年间曾两次扩建。同

治八年（1869年）受马化龙部波及遭到损坏。同治十三年（1874年）修复。当时共有殿宇5座，盛时有喇嘛200余人。"文革"期间又遭破坏，仅存大经堂和格根府。20世纪80年代后修复。

现在的达里克庙平面呈长方形，分布范围南北长200、东西宽135米，为典型

达里克庙

大雄宝殿及八宝塔

的歇山式和汉藏式相结合的建筑风格。布局较分散，主要建筑有大雄宝殿、拉卜楞（活佛下榻处）、吉斯（帐房）、八宝塔、活佛灵塔以及僧房等。大雄宝殿坐北朝南，为两层建筑，下层建筑面积538平方米，平面呈"凸"字形，高12米，面阔七间，九级踏步。前廊檐柱为两排12根。门窗、墙体均为藏式，主墙四壁内各有内柱八根。上层建筑面阔三间。正

檐，一道正脊，四道垂脊，四道斜脊相互连接，形成九脊屋顶，屋顶前后覆筒瓦，盝顶、歇山。拉卜楞建于大雄宝殿东侧，是一座相对独立的院落。正房坐北朝南，面阔五间，八级踏步，卷棚式屋顶，三架结构，带前廊、正檐、四角挑檐、墀头饰雕砖。八宝塔建于大雄宝殿西南，南北向排列，塔基平面呈正方形。亚腰式塔座，须弥座上为覆钵式，

八宝塔

大雄宝殿侧面

大雄宝殿上层建筑

腹上为十三天，十三天上仰月，所有灵窗均向东开。

达里克庙为阿拉善地区八大寺之一，是福因寺的属庙，也是阿拉善左旗现存较为完整的清代佛教建筑，对于研究当时该地区佛教的传播与发展及佛教建筑等方面均有重要意义。

‖87‖ 阿拉善左旗福因寺 ——————

撰稿：孙斯琴格日乐
摄影：巴戈那　曹格图

内蒙古自治区重点文物保护单位。

位于阿拉善左旗巴彦浩特镇伊和呼都格嘎查东南约3公里，地处贺兰山西麓一山谷内。山幽谷静，景色秀美。

福因寺俗称"北寺"，藏文称"格图布楞"，始建于嘉庆九年（1804年）。该寺第一代葛根为阿拉善王爷罗布桑道尔济之子多卜仓夏仲。多卜仓夏仲原是广宗寺的喇嘛，预备将来送至别属寺庙当主持。因不满自己位在镇国公之子温都尔葛根之下，因此离开广宗寺，别建此寺。嘉庆十一年（1806年），阿拉善和硕特旗第五代亲王玛哈巴拉报请清廷理藩院，赐名"福因寺"。此后，在阿拉善旗历代王爷的资助和支持下，逐年扩建，成为规模宏大、建筑辉煌的大型寺庙。当时的福因

福因寺

大雄宝殿近景

寺有11座大殿、4座格根（沙卜楞）、5座庙仓，其中大雄宝殿106间，却伊拉扎仓殿、丁科尔扎仓殿、卓德巴扎仓殿、满巴扎仓殿各36间，塔殿59间，多卜藏呼图克图宫殿80多间，加上其他殿宇、僧房、吉萨（仓房）等共1498间，占地面积0.3平方公里。同治八年（1869年）六月初三，因受马化龙部暴乱波及，正殿、真言殿、大经殿及僧房均被烧毁。光绪三年（1877年）开始，第三、四世多布桑呼图克图在阿拉善和硕亲王的资助下进行修复，直到1932年基本完工，恢复了原来的规模。后寺院被拆毁，1982年重建。

重建后的福因寺分布在东西长600、南北宽500米的范围内，依山就势，是一处规模宏大的建筑群。所有建筑均为汉藏式砖木结构。大雄宝殿坐北朝南，共49间。辩经堂为藏式平顶建筑，坐北朝南，正面设三道门，带前廊。一进院门口有照壁，三级踏步，院落进深14.2米。二进院五级踏步，院落进深28.4米。距二进院门5米处有边长22米的塔庙基址，近年在基址上重建了两座藏式白塔。

塔庙基址

阿旺丹德尔纪念塔和转经阁

财神庙

福因寺是阿拉善地区仅次于广宗寺的又一大寺，建寺年代较早，在蒙古、西藏、青海等藏传佛教地区具有一定的知名度和影响力，鼎盛时期有僧侣近千人。该寺第二代葛根吉仲加木样为寺院做出很多贡献，被清廷册封为"多卜藏呼图克图"，为阿拉善地区三大呼图克图系统之一。寺庙内的佛教岩刻造像精美绝伦，堪称佛教艺术的珍品；殿宇建筑规模宏伟，是藏传佛教信徒虔诚敬仰的圣地。

‖88‖阿拉善右旗库日木图阿贵庙

撰稿：孙斯琴格日乐　范荣南
摄影：范荣南

阿拉善右旗重点文物保护单位。

位于阿拉善右旗雅布赖镇西尼呼都格嘎查西北约7公里的雅布赖山主峰南侧山洞内。"库日木图阿贵"系蒙语，"库日木"意为"马褂"，"阿贵"意为"石洞"。相传很早以前，有一位名叫巴特尔哈力将军的武官路过此地，住过这里，走

时把衣服和帽子放在洞窟中而得名。

石窟寺始建于咸丰十年（1860年），坐落在山水沟西岸的半山腰上，地势险要。一条长300米的石路是通向石窟的唯一通道，坡度大，特别是邻近石窟的30米长台阶路，坡度大概有70～85度，共93层台阶。其余均为悬崖陡壁，行人难以攀

库日木图阿贵庙

石窟寺台阶及两侧转经筒

登。台阶两侧置有转经筒。入口处是自然形成的小山洞，洞内设一个经堂，进深约10米，地面铺设地板。经堂内盘一土炕，炕上摆放着供桌、佛像和法器等。

由于石窟寺所在地势险峻，不易到达，后来为祭拜之便，在山下修建了一座庙。20世纪80年代以后，维修了石窟寺，又在其东约300多米处重新修建了一座寺庙。新建的寺庙由主经堂、僧房、院墙及八宝塔组成。主经堂位于院内西侧，坐西向东，为二层汉藏式风格建筑；七级踏步，前廊设6根廊柱。一层设有讲经台、供桌、法器、唐卡等佛教用品，堂内竖立有4根梁柱。上层为藏经阁。主经堂两侧是僧房，每排各3间。八宝塔建在院外西北侧，共8座，南北向排列，塔座为亚腰式，各塔的灵窗均向东开。

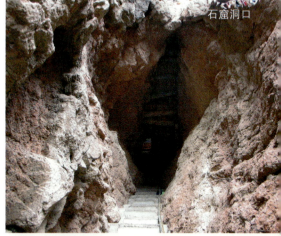

石窟洞口

石窟内部陈设

新庙主经堂

新庙远景

‖89‖ 阿拉善右旗海森础鲁石刻

撰稿：孙斯琴格日乐　范荣南
摄影：范荣南　范佳炜

阿拉善右旗重点文物保护单位。

位于阿拉善右旗阿拉腾朝克苏木瑙滚布拉格嘎查北约37公里的世界沙漠地质公园海森础鲁景区内。"海森础鲁"系蒙语，意为"像锅一样的石头"。

海森础鲁景区的风蚀花岗岩，千奇百怪、绚丽多彩，据相关专家考证，在数千年前此地为海底，经过海水长期冲刷，形成了圆形、椭圆形或锥形岩体，由于地质结构的不断变迁，海底升为陆地，受到大风扬沙长期的磨蚀，形成了今天的独特风蚀地貌景观。清朝年间，甘肃高台县府发现了这个别致的怪石区，并把它命名为"石城"。景区内有数股泉水，最大的一股被称之为"石城泉"。又因为泉水所在的巨大原石形同一尊卧佛，所以又被称为"卧佛泉"。

景区内共发现石刻两处。其中一处在卧佛泉附近一块平坦的沙质基岩上，刻文为"卧佛泉"三字，虽然石块分化严重，

全景

"卧佛泉"刻文

"康熙三十八年"刻文

但字体较清晰。字体为篆书,上涂有红色颜料,宽1.2米见方,字间距0.3米。另一处发现于一座小山丘顶部的巨石上,巨石南北长4.5、东西宽3、高约3.5米。文字刻写在巨石东侧的石面上,为"康熙三十八年 四月十五日 高台副府李亲来到此石城泉"等23个字。字面总宽1、高1.38米,单个字体宽约0.25、高约0.27米。由于常年受大风的吹袭,少数字体已经模糊,但整体保存情况较好。关于此处石刻,据传为清朝年间高台县府在此地开金矿时遗留。它对研究清朝时期阿拉善地区的历史具有一定的作用。

‖90‖阿拉善左旗阿拉善亲王地界碑

撰稿：李小伟　孙斯琴格日乐
摄影：李小伟

阿拉善盟重点文物保护单位。

地界碑分布在阿拉善左旗温都尔勒图镇温格其太嘎查、塔奔乎都格嘎查、巴润呼得格嘎查境内，共发现六座。

阿拉善亲王地界碑

界碑均为石质，形制基本相同。其中哈布特盖础鲁界碑通高1.81米，由碑身、碑座两部分组成。碑身高1.16、宽0.3米；碑座未经打磨，上小下大，宽0.8~0.9、高0.65、厚0.6~0.7米。碑身四面刻有文字，除东侧刻文因为置碑地点的不同而有所区别外，其余内容基本相同。碑身正、反两面均为汉字楷体，正面竖排8行50字，内容为"于道光二十七年蒙 陕甘 制台布大人 布政司宝大人 饬派宁夏府岳 委员彭 亲勘指定按照 嘉庆六年旧界 碑南民地 碑北蒙地"。反面竖排7行41字，内容为"道光二十九年闰四月二十日 中卫县 皋兰县 红水县丞 □同筑立 蒙□梅林三音错格图 番台 达素木地"。侧面刻有蒙文，西侧刻文汉语意为"阿拉善亲王的地界"，东侧刻文汉语意为"×××的石碑"。这些界碑是道光二十九年（1849年）阿拉善旗与陕甘地区划分地界而设立的。它们的发现，为研究清代边疆蒙古族历史提供了珍贵的资料。

反面碑文　　　　　　　　側面碑文　　　　　　　　側面碑文

側面碑文

近现代

近现代文物点约四十处。以革命烈士陵园和纪念碑为代表的近现代革命遗址、以我国第一个导弹综合性试验靶场及相关建筑为代表的国防现代化设施，是近现代文化遗产的两个重要组成部分。其中东风航天城1号、2号和50号发射场是现代军事工业遗产的杰出代表，记录了新中国航天史和我国国防现代化建设所取得的一个又一个伟大成就。此外，位于额济纳旗达来呼布镇吉日嘎郎图嘎查西北约7公里的土尔扈特塔王府，是额济纳旧土尔扈特特别旗最后一任旗王塔旺嘉布办公和居住的府邸，也是当时全旗最高行政、司法机关。1979年竣工的狼心山分水枢纽是额济纳河东西两大支流额木讷高勒和木仁高勒分流的枢纽工程，主体建筑为钢筋混凝土桩柱房屋式连体泄水闸，设计洪水流量每秒875立方米，设计过闸流量每秒491立方米，是额济纳旗历史上第一座大型混凝土水利工程。

‖91‖ 额济纳旗土尔扈特塔王府

撰稿：胡春柏　傅兴业
摄影：傅兴业

内蒙古自治区重点文物保护单位。

位于额济纳旗达来呼布镇吉日嘎郎图嘎查西北约7公里，是额济纳旧土尔扈特特别旗最后一任旗王塔旺嘉布办公和居住的府邸，也是当时全旗最高行政、司法机关。蒙古语称"诺言乃白兴"，俗称"王爷府"。

王府始建于1940年，1943年正式搬迁至此。占地面积约3575平方米，是一处北京式四合院建筑，坐西朝东，砖土木结构，整体建筑呈中轴对称布局，由府门、倒座、正堂、南厢房、北厢房、院墙等七部分组成，共有房屋13间。

府门为大木单檐前后廊硬山式，面阔一间，中柱间置木榻板门两扇，前后檐枋普施苏式彩画，基础台为明砖垒砌，前后置石构垂带踏跺。正堂为大木单檐前廊硬山式，面阔三间。南北厢房为大木单檐前

正门

南北厢房和左右倒座

廊卷棚式，面阔各五间。左、右倒座为大木单檐前廊卷棚式，面阔各三间，进深五架或六架叠跨空梁，基础台为明砖垒砌，外檐枋普施苏式彩画。该王府承袭了明

正堂

清时期汉藏式结合的四合院建筑风格。大门、正堂等主要建筑位于中轴线上，南、北厢房严格对称配置于左、右两侧，大门两侧分置左、右倒座。总体建筑呈东西长，南北窄的长方形，形成正殿突出，两厢从属，前（府门）后（正殿）对应的布局。

1984年至1998年，额济纳旗人民政府曾四次拨款对王府进行了维修和保护，修建了额济纳旧土尔扈特部回归祖国三百周年纪念碑。

"土尔扈特部回归祖国三百周年"纪念碑

||92|| 额济纳旗江其布那木德令庙

撰稿：胡春柏　傅兴业
摄影：傅兴业

内蒙古自治区重点文物保护单位。

位于额济纳旗东风镇宝日乌拉嘎查东北约6公里，坐落在穆仁高勒河东岸一望无际的砾石梁上。

光绪八年（1882年），由达西却灵庙（俗称"东庙"）分离出来的喇嘛在当乌淖尔附近（今孟格图嘎查）兴建，额济纳旗第八代札萨克丹津为其颁赐"超渡菩提庙"的称号，俗称"老西庙"。光绪十九年（1893年）尊新疆马岱达西之子格勒格丹毕加拉僧为坐床喇嘛。1937年寺庙被民国军事专员公署占用，庙址被迫南迁察茨（老西庙南20公里处）。1944年，喇嘛们又用聚敛的数万资财在呼和陶来（今巴彦宝格德苏木西南35公里处）兴建起新的庙宇，俗称"新西庙"。新西庙总占地面积约40亩，承袭了老西庙原有的建筑风格，既有蒙藏式的粗犷、豪迈，又有中原式的细致、精巧，是额济纳旗最大的喇嘛教寺庙，曾经鼎盛一时，盛时有喇嘛70余人。

寺庙由古闹日格殿、农乃殿、朝克芹殿、千佛经殿和拉卜楞等五座主要建筑和数间僧房组成，为藏式砖土木结构，各殿廊柱为木雕曼巴楞装饰，绘有彩绘龙纹和祥云图案，整体建筑坐西向东。千佛殿，小式建筑，大木单檐前廊平顶式佛殿，面阔三间，进深五间。朝克芹殿，大木单檐前廊歇山式佛殿，面阔五间，进深八间。农乃殿，大木单檐前廊歇山式佛殿，面阔三间，进深三间。古闹日格殿，大木单檐前廊歇山式佛殿，面阔三间，进深三间。拉卜楞，大木双檐前廊平顶式佛殿，面阔五间，进深二间。

江其布那木德令庙

农乃殿

千佛殿正门檐廊建筑

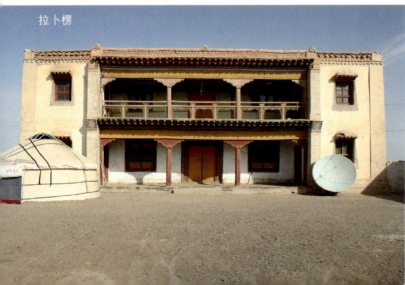

拉卜楞

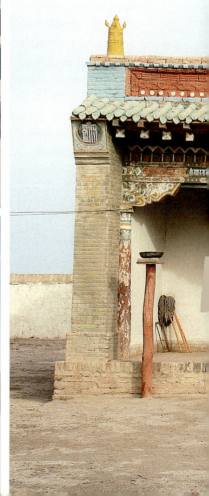

朝格芹殿

古闹日格殿

‖93‖阿拉善左旗党委大院旧址

撰稿：胡春柏
摄影：通古拉嘎

阿拉善盟重点文物保护单位。

位于阿拉善左旗巴彦浩特镇西花园社区西北约200米处，是阿拉善盟解放初期四大建筑之一。

阿拉善左旗党委大院始建于1954～1955年，当时是巴彦淖尔盟委所在地。1958年7月19日，巴彦淖尔盟委搬迁至三盛公（今巴彦高勒镇）后，为阿拉善旗党委办公地。

1961年，原阿拉善旗划分为阿拉善左、右两旗后，为阿拉善左旗党委办公地，现在党委所属部分局仍在此办公。

阿拉善左旗党委大院是由十一座单体建筑组成的建筑群落，主要分布在南北长130、东西宽80米的范围内。主体结构为土筑，门窗处用青砖包边，两面坡形顶，顶部平铺小青瓦，建筑风格简单质朴，是

阿拉善左旗党委大院旧址

部分建筑现状

部分建筑现状

新中国成立初期时代风格的真实写照。

　　这组建筑群是阿拉善左旗巴彦浩特地区解放初期遗留下来的保存最完整、规模最庞大的建筑群体之一。除最南边的一栋房屋被拆除、屋顶更换为红瓦以外，其余建筑保存完好，原始建筑风格尚存。60年来阿拉善地区的行政归属几经变化，而这组建筑群却一直是党委办公的核心地点。它在一定程度上记录了60年来阿拉善地区的发展历程。

礼堂正门

‖94‖ 阿拉善左旗阿拉善旗人民医院门诊部旧址

撰稿：胡春柏　张新香
摄影：巴戈那

位于阿拉善左旗巴彦浩特镇健康社区健康路北健康湖东北约0.05公里，东、西、北三侧均为居民区，交通便利。

阿拉善旗人民医院门诊部旧址为一处典型的俄罗斯式风格建筑，二层楼，青砖红瓦，坐北朝南，平面呈长方形，东西长

阿拉善旗人民医院门诊部旧址

西侧全景

37.5、南北宽17米，占地面积630余平方米，通高8.5米。正门朝南，宽3、高2.2米。东西两侧各留一门，宽0.85、高2.2米。每层中部留有东西向的走廊，走廊两侧分布有房屋，走廊的中部设楼梯，护栏为三架梁木结构。室内地面、楼梯、踢脚线均为木质结构，略有磨损，但依然保持了原有的建筑风格。

　　阿拉善旗人民医院门诊部是1954年在原老君庙和国民政府卫生院的基础上扩建的，2000年后改为阿拉善盟蒙古医院行政办公楼时曾进行过大规模装修和改造，更换了原来的房顶、地面和门窗，但主体建筑结构还是原来的，外观上依然具有俄式建筑的整体风貌。新中国成立之初，苏联对我国的基础设施建设给予了大量的援助，这座建筑就是由前苏联建筑专家设计

‖95‖ 额济纳旗狼心山分水枢纽

撰稿：傅兴业　胡春柏
摄影：傅兴业

阿拉善盟重点文物保护单位。

位于额济纳旗东风镇宝日乌拉嘎查南约8.7公里的河谷平原，是额济纳旗最大的水利工程之一。

狼心山分水枢纽

闸孔和管理房近景

狼心山分水枢纽是额济纳河东西两大支流额木讷高勒和木仁高勒分流的枢纽工程，1978年8月20日由额济纳旗水利局设计和组织施工，1979年11月10日竣工。建筑形制为钢筋混凝土桩柱房屋式连体泄水闸，是额济纳河中游重要的分水设施，承担着额济纳河东河（鄂木讷高勒）、西河（木仁高勒）、东河干渠水量配置和泄洪排水的调度任务，下泄水分别注入东居延海（苏泊淖尔）、西居延海（嘎顺淖尔）和天鹅湖。水闸闸体总长77米，共11孔，单孔净宽6、高3.1米，设计洪水流量每秒875立方米，设计过闸流量每秒491立方米，是额济纳旗历史上第一座大型混凝土水利工程。

2001年，实施了枢纽改扩建工程，闸孔由原来的11孔增加至19孔，分别是西河拦水闸8孔×6米、东河拦水闸9孔×6米、东河干渠进水闸2孔×6米。狼心山分水枢纽年调度水量5.34亿立方米，可灌溉绿洲面积143万亩。分水枢纽附属设施有东、西河闸面交通桥各一座、堤坝70米和办公管理用房360平方米。

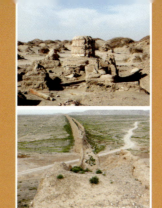

附 录

附 录 目录

表一 阿拉善盟全国重点文物保护单位名单

序号	公布名称与单体名称		时代	公布批次	所在旗县（区）
1	居延遗址群	（1）绿城遗址	青铜时代 汉代 三国西晋 北朝 西夏 元代	第三批	额济纳旗
		（2）A1障（殄北候官遗址）	汉代	第三批	额济纳旗
		（3）A10亭	汉代	第三批	额济纳旗
		（4）A11烽燧	汉代	第三批	额济纳旗
		（5）K681烽燧	汉代	第三批	额济纳旗
		（6）T28烽燧	汉代	第三批	额济纳旗
		（7）T29烽燧	汉代	第三批	额济纳旗
		（8）金斯图淖尔天田	汉代	第三批	额济纳旗
		（9）F30障	汉代	第三批	额济纳旗
		（10）A12烽燧	汉代	第三批	额济纳旗
		（11）A13烽燧	汉代	第三批	额济纳旗
		（12）K688城（雅布赖城）	汉代	第三批	额济纳旗
		（13）K749城（温都格城）	汉代	第三批	额济纳旗
		（14）K778烽燧	汉代	第三批	额济纳旗
		（15）A15烽燧	汉代	第三批	额济纳旗
		（16）K710城（居延城）	汉代	第三批	额济纳旗

序号	公布名称与单体名称		时代	公布批次	所在旗县（区）
1	居延遗址群	(17) 红城遗址（F84障）	汉代	第三批	额济纳旗
		(18) A14烽燧	汉代	第三批	额济纳旗
		(19) T85烽燧	汉代	第三批	额济纳旗
		(20) T88烽燧	汉代	第三批	额济纳旗
		(21) T105烽燧	汉代	第三批	额济纳旗
		(22) T106烽燧	汉代	第三批	额济纳旗
		(23) A16烽燧	汉代	第三批	额济纳旗
		(24) A17烽燧	汉代	第三批	额济纳旗
		(25) A18烽燧	汉代	第三批	额济纳旗
		(26) F99小堡	待定	第三批	额济纳旗
		(27) A2烽燧	汉代	第三批	额济纳旗
		(28) T3烽燧	汉代	第三批	额济纳旗
		(29) T4烽燧	汉代	第三批	额济纳旗
		(30) T5烽燧	汉代	第三批	额济纳旗
		(31) A3烽燧	汉代	第三批	额济纳旗
		(32) A4烽燧	汉代	第三批	额济纳旗
		(33) T6烽燧	汉代	第三批	额济纳旗
		(34) T7烽燧	汉代	第三批	额济纳旗

序号	公布名称与单体名称		时代	公布批次	所在旗县（区）
1	居延遗址群	（35）T8烽燧	汉代	第三批	额济纳旗
		（36）T9烽燧	汉代	第三批	额济纳旗
		（37）A5烽燧	汉代	第三批	额济纳旗
		（38）T10烽燧	汉代	第三批	额济纳旗
		（39）T11烽燧	汉代	第三批	额济纳旗
		（40）A6烽燧	汉代	第三批	额济纳旗
		（41）A7烽燧	汉代	第三批	额济纳旗
		（42）A8障 （甲渠候官遗址）	汉代	第三批	额济纳旗
		（43）T12烽燧	汉代	第三批	额济纳旗
		（44）T13烽燧	汉代	第三批	额济纳旗
		（45）T14烽燧	汉代	第三批	额济纳旗
		（46）T15烽燧	汉代	第三批	额济纳旗
		（47）T16烽燧	汉代	第三批	额济纳旗
		（48）P1烽燧	汉代	第三批	额济纳旗
		（49）A9烽燧	汉代	第三批	额济纳旗
		（50）T17烽燧	汉代	第三批	额济纳旗
		（51）T18烽燧	汉代	第三批	额济纳旗
		（52）T19烽燧	汉代	第三批	额济纳旗

序号	公布名称与单体名称	时代	公布批次	所在旗县（区）
1	（53）T20烽燧	汉代	第三批	额济纳旗
	（54）T21烽燧	汉代	第三批	额济纳旗
	（55）甲渠塞天田	汉代	第三批	额济纳旗
	（56）P9障 （卅井候官遗址）	汉代	第三批	额济纳旗
	（57）T117烽燧	汉代	第三批	额济纳旗
	（58）T118烽燧	汉代	第三批	额济纳旗
	（59）P10烽燧	汉代	第三批	额济纳旗
	（60）T119烽燧	汉代	第三批	额济纳旗
	（61）T120烽燧	汉代	第三批	额济纳旗
	（62）T121烽燧	汉代	第三批	额济纳旗
	（63）T122烽燧	汉代	第三批	额济纳旗
	（64）T123烽燧	汉代	第三批	额济纳旗
	（65）T124烽燧	汉代	第三批	额济纳旗
	（66）T125烽燧	汉代	第三批	额济纳旗
	（67）T126烽燧	汉代	第三批	额济纳旗
	（68）T127烽燧	汉代	第三批	额济纳旗
	（69）T128烽燧	汉代	第三批	额济纳旗
	（70）T129烽燧	汉代	第三批	额济纳旗

（序号1列标注：居延遗址群）

序号	公布名称与单体名称	时代	公布批次	所在旗县（区）
1	（71）T130烽燧	汉代	第三批	额济纳旗
	（72）T131烽燧	汉代	第三批	额济纳旗
	（73）T132烽燧	汉代	第三批	额济纳旗
	（74）T133烽燧	汉代	第三批	额济纳旗
	（75）T134烽燧	汉代	第三批	额济纳旗
	（76）T135烽燧	汉代	第三批	额济纳旗
	（77）T136烽燧	汉代	第三批	额济纳旗
	（78）T137烽燧	汉代	第三批	额济纳旗
	（79）T138烽燧	汉代	第三批	额济纳旗
	居延遗址群（80）T139烽燧	汉代	第三批	额济纳旗
	（81）P11烽燧	汉代	第三批	额济纳旗
	（82）A19烽燧	汉代	第三批	额济纳旗
	（83）T140烽燧	汉代	第三批	额济纳旗
	（84）A20烽燧	汉代	第三批	额济纳旗
	（85）T141烽燧	汉代	第三批	额济纳旗
	（86）A21烽燧	汉代	第三批	额济纳旗
	（87）A22烽燧	汉代	第三批	额济纳旗
	（88）T112烽燧	汉代	第三批	额济纳旗

序号	公布名称与单体名称		时代	公布批次	所在旗县（区）
1	居延遗址群	（89）T113烽燧	汉代	第三批	额济纳旗
		（90）T114烽燧	汉代	第三批	额济纳旗
		（91）T115烽燧	汉代	第三批	额济纳旗
		（92）T116烽燧	汉代	第三批	额济纳旗
		（93）P8烽燧	汉代	第三批	额济纳旗
		（94）T110烽燧	汉代	第三批	额济纳旗
		（95）T111烽燧	汉代	第三批	额济纳旗
		（96）卅井塞天田	汉代	第三批	额济纳旗
		（97）A23烽燧	汉代	第三批	额济纳旗
		（98）A24障（广地候官遗址）	汉代	第三批	额济纳旗
		（99）A25烽燧	汉代	第三批	额济纳旗
		（100）A26烽燧	汉代	第三批	额济纳旗
		（101）A27烽燧	汉代	第三批	额济纳旗
		（102）T142烽燧	汉代	第三批	额济纳旗
		（103）T143烽燧	汉代	第三批	额济纳旗
		（104）T144烽燧	汉代	第三批	额济纳旗
		（105）T145烽燧	汉代	第三批	额济纳旗
		（106）T146烽燧	汉代	第三批	额济纳旗

序号	公布名称与单体名称		时代	公布批次	所在旗县（区）
1	居延遗址群	（107）T147烽燧	汉代	第三批	额济纳旗
		（108）T148烽燧	汉代	第三批	额济纳旗
		（119）T149烽燧	汉代	第三批	额济纳旗
		（110）T150烽燧	汉代	第三批	额济纳旗
		（111）T151烽燧	汉代	第三批	额济纳旗
		（112）T152烽燧	汉代	第三批	额济纳旗
		（113）T153烽燧	汉代	第三批	额济纳旗
		（114）K822障（大方城）	汉代	第三批	额济纳旗
		（115）A28烽燧	汉代	第三批	额济纳旗
		（116）A29烽燧	汉代	第三批	额济纳旗
		（117）A30烽燧	汉代	第三批	额济纳旗
		（118）A31烽燧	汉代	第三批	额济纳旗
		（119）T154烽燧	汉代	第三批	额济纳旗
		（120）T155烽燧	汉代	第三批	额济纳旗
		（121）T156烽燧	汉代	第三批	额济纳旗
		（122）T157烽燧	汉代	第三批	额济纳旗
		（123）T158烽燧	汉代	第三批	额济纳旗
		（124）T160烽燧	汉代	第三批	额济纳旗

序号	公布名称与单体名称		时代	公布批次	所在旗县（区）
1	居延遗址群	（125）T161烽燧	汉代	第三批	额济纳旗
		（126）T162烽燧	汉代	第三批	额济纳旗
		（127）T163烽燧	汉代	第三批	额济纳旗
		（128）T164烽燧	汉代	第三批	额济纳旗
		（129）T165烽燧	汉代	第三批	额济纳旗
		（130）T166烽燧	汉代	第三批	额济纳旗
		（131）T167烽燧	汉代	第三批	额济纳旗
		（132）T168烽燧	汉代	第三批	额济纳旗
		（133）T159烽燧	汉代	第三批	额济纳旗
		（134）A32障 （肩水金关遗址）	汉代	第三批	额济纳旗
		（135）A33障 （肩水候官遗址）	汉代	第三批	额济纳旗
		（136）F177障	汉代	第三批	额济纳旗
		（137）F179障	汉代	第三批	额济纳旗
		（138）河西大湾城 （K824城）	汉代	第三批	额济纳旗
		（139）T174烽燧	汉代	第三批	额济纳旗
		（140）T175烽燧	汉代	第三批	额济纳旗
		（141）T176烽燧	汉代	第三批	额济纳旗

序号	公布名称与单体名称	时代	公布批次	所在旗县（区）
1	（142）T180烽燧	汉代	第三批	额济纳旗
	（143）T181烽燧	汉代	第三批	额济纳旗
	（144）T182烽燧	汉代	第三批	额济纳旗
	（145）A36烽燧	汉代	第三批	额济纳旗
	（146）T186烽燧	汉代	第三批	额济纳旗
	（147）T187烽燧	汉代	第三批	额济纳旗
	（148）T188烽燧	汉代	第三批	额济纳旗
	（149）T191烽燧	汉代	第三批	额济纳旗
	（150）T192烽燧	汉代	第三批	额济纳旗
居延遗址群	（151）T189烽燧	汉代	第三批	额济纳旗
	（152）T193烽燧	汉代	第三批	额济纳旗
	（153）T169烽燧	汉代	第三批	额济纳旗
	（154）T170烽燧	汉代	第三批	额济纳旗
	（155）T172烽燧	汉代	第三批	额济纳旗
	（156）P12烽燧	汉代	第三批	额济纳旗
	（157）T178烽燧	汉代	第三批	额济纳旗
	（158）T184烽燧	汉代	第三批	额济纳旗

序号	公布名称与单体名称		时代	公布批次	所在旗县（区）
1	居延遗址群	（159）金关塞墙	汉代	第三批	额济纳旗
		（160）居延汉墓群	汉代	第三批	额济纳旗
		（161）雅布赖墓群	汉代（？）	第三批	额济纳旗
		（162）K789城 （大同城址）	汉代　北周　隋代　唐代	第三批	额济纳旗
		（163）A35城	汉代至元代	第三批	额济纳旗
		（164）雅布赖屯田区	汉代　西夏	第三批	额济纳旗
		（165）K823烽燧	汉代　明代	第三批	额济纳旗
		（166）T171烽燧	汉代　明代	第三批	额济纳旗
		（167）T173烽燧	汉代　明代	第三批	额济纳旗
		（168）T183烽燧	汉代（？）　明代	第三批	额济纳旗
		（169）绿城墓群	魏晋　北朝	第三批	额济纳旗
		（170）额日古哈日屯田区	西夏　元代	第三批	额济纳旗
		（171）查干和日木屯田区	西夏　元代	第三批	额济纳旗
		（172）绿庙	元代	第三批	额济纳旗
		（173）东庙	元代	第三批	额济纳旗
		（174）西庙	元代	第三批	额济纳旗
		（175）伊斯兰墓群	元代	第三批	额济纳旗
		（176）北庙	待定	第三批	额济纳旗
		（177）黑城遗址 （哈喇浩特古城遗址）	西夏　元代	第五批	额济纳旗

序号	公布名称与单体名称		时代	公布批次	所在旗县（区）
2	定远营	（1）阿拉善王府	清代	第六批	阿拉善左旗
		（2）延福寺	清代	第六批	阿拉善左旗
		（3）定远营古民居	清代	第六批	阿拉善左旗
3	曼德拉山岩画群		新石器时代至清代	第七批	阿拉善右旗
4	巴丹吉林庙		清代	第七批	阿拉善右旗

表二　阿拉善盟自治区级重点文物保护单位名单

序号	公布名称与单体名称	时代	公布批次	所在旗县（区）
1	西勃图城址	西夏	第四批	阿拉善左旗
2	苏木图石窟	西夏至清代	第四批	阿拉善左旗
3	福因寺	清代	第四批	阿拉善左旗
4	广宗寺	清代	第四批	阿拉善左旗
5	昭化寺	清代	第四批	阿拉善左旗
6	达里克庙	清代	第四批	阿拉善左旗
7	布布手印岩画群	旧石器时代	第四批	阿拉善右旗
8	额勒森呼特勒手印岩画群	旧石器时代	第四批	阿拉善右旗
9	通沟障城（通沟城址）	汉代	第四批	阿拉善右旗
10	查干乔吉遗址	汉代	第四批	阿拉善右旗
11	拜兴高勒遗址	北朝	第四批	阿拉善右旗
12	江其布那木德令庙	清代　近现代	第四批	额济纳旗
13	土尔扈特塔王府	1940年	第四批	额济纳旗

序号	公布名称与单体名称		时代	公布批次	所在旗县（区）
14	宝日乌拉额济纳旗旗政府旧址		1958年	第四批	额济纳旗
15	东风航天城导弹综合试验基地	（1）东风航天城导弹试验基地1号、2号和50号发射场	1958年	第四批	额济纳旗
		（2）东风革命烈士陵园	20世纪60年代初	第四批	额济纳旗
16	苏古淖尔神树		待定	第四批	额济纳旗

表三　阿拉善盟市县级重点文物保护单位名单

序号	公布名称与单体名称	时代	保护级别及批次	所在旗县(区)
1	科学井岩画群	新石器时代	盟级　第一批	阿拉善左旗
2	敖包扎德盖岩画群	新石器时代	盟级　第一批	阿拉善左旗
3	苏宏图遗址	新石器时代	盟级　第一批	阿拉善左旗
4	阿拉腾哈日根山岩画群	新石器时代　战国　秦代　汉代	盟级　第一批	阿拉善左旗
5	鹰湾岩画群	新石器时代　青铜时代　汉代　辽代　金代　元代	盟级　第一批	阿拉善左旗
6	折腰山岩画群	新石器时代　青铜时代	盟级　第一批	阿拉善左旗
7	敖伦布拉格岩画群	青铜时代	盟级　第一批	阿拉善左旗
8	敖包图哈日东墓葬	汉代	盟级　第一批	阿拉善左旗
9	阿门乌素烽燧	汉代	盟级　第一批	阿拉善左旗
10	博日音呼德烽燧	汉代	盟级　第一批	阿拉善左旗
11	布日格斯太2号烽燧	汉代	盟级　第一批	阿拉善左旗
12	哈德呼1号烽燧	汉代	盟级　第一批	阿拉善左旗
13	哈拉呼(乌）烽燧	汉代	盟级　第一批	阿拉善左旗
14	哈拉曾浩尼图烽燧	汉代	盟级　第一批	阿拉善左旗
15	希勃图烽燧	汉代	盟级　第一批	阿拉善左旗
16	乌兰布拉格障址	汉代	盟级　第一批	阿拉善左旗

序号	公布名称与单体名称	时代	保护级别及批次		所在旗县(区)
17	哈日毛日图墓葬	唐代	盟级	第一批	阿拉善左旗
18	纳木日增东墓葬	唐代	盟级	第一批	阿拉善左旗
19	纳木日增西墓葬	唐代	盟级	第一批	阿拉善左旗
20	阿德格艾然全吉烽燧	西夏	盟级	第一批	阿拉善左旗
21	乌兰海日亨烽燧	西夏	盟级	第一批	阿拉善左旗
22	都尔奔毛道城址	西夏	盟级	第一批	阿拉善左旗
23	额肯希勃城址	西夏	盟级	第一批	阿拉善左旗
24	双石盒子采石场遗址	西夏	盟级	第一批	阿拉善左旗
25	图勒根高勒城址	西夏	盟级	第一批	阿拉善左旗
26	宗海尔汗障址	西夏	盟级	第一批	阿拉善左旗
27	温都尔毛道希勃城址	西夏	盟级	第一批	阿拉善左旗
28	磨石口2号烽燧	明代	盟级	第一批	阿拉善左旗
29	磨石口6号烽燧	明代	盟级	第一批	阿拉善左旗
30	磨石口5号烽火台	明代	盟级	第一批	阿拉善左旗
31	双石盒子1号烽燧	明代	盟级	第一批	阿拉善左旗
32	二关2号烽燧	明代	盟级	第一批	阿拉善左旗
33	小柳木皋烽燧	明代	盟级	第一批	阿拉善左旗
34	红碴子烽燧	明代	盟级	第一批	阿拉善左旗

序号	公布名称与单体名称	时代	保护级别及批次		所在旗县(区)
35	红井沟烽燧	明代	盟级	第一批	阿拉善左旗
36	儿驼庙遗址	清代	盟级	第一批	阿拉善左旗
37	苏布勒格庙	清代	盟级	第一批	阿拉善左旗
38	查拉格尔庙遗址	清代	盟级	第一批	阿拉善左旗
39	阿拉善亲王地界碑	清代	盟级	第一批	阿拉善左旗
40	巴彦笋布尔敖包	清代	盟级	第一批	阿拉善左旗
41	查拉格尔敖包	清代	盟级	第一批	阿拉善左旗
42	承庆寺	清代	盟级	第一批	阿拉善左旗
43	图克木庙(妙华寺)	清代	盟级	第一批	阿拉善左旗
44	将军敖包	清乾隆五十年(1785年)	盟级	第一批	阿拉善左旗
45	奥西洛夫四烈士纪念碑	1931年	盟级	第一批	阿拉善左旗
46	曹动之烈士遇难地	1950年	盟级	第一批	阿拉善左旗
47	阿拉善左旗人民政府大院	1954年	盟级	第一批	阿拉善左旗
48	阿拉善左旗党委大院旧址	1954年	盟级	第一批	阿拉善左旗
49	白石头"大跃进"炼铁炉旧址	1958年	盟级	第一批	阿拉善左旗
50	阿拉善盟行署大院	1980年	盟级	第一批	阿拉善左旗
51	阿拉善盟盟委大院	1980年	盟级	第一批	阿拉善左旗
52	木仁高勒烈士陵园	1990年	盟级	第一批	阿拉善左旗

序号	公布名称与单体名称	时代	保护级别及批次		所在旗县(区)
53	肯特敖包	待定	盟级	第一批	阿拉善左旗
54	木仁哈日汗遗址	待定	盟级	第一批	阿拉善左旗
55	色林苏莫遗址	待定	盟级	第一批	阿拉善左旗
56	少本音布茨遗址	待定	盟级	第一批	阿拉善左旗
57	双鹤山障址	待定	盟级	第一批	阿拉善左旗
58	西勃遗址	待定	盟级	第一批	阿拉善左旗
59	阿日格勒音夏日城址	待定	盟级	第一批	阿拉善左旗
60	陶兰高勒手印岩画群	旧石器时代	盟级	第一批	阿拉善右旗
61	特格几格高勒岩画群	旧石器时代	盟级	第一批	阿拉善右旗
62	海日很岩画群	新石器时代至汉代	盟级	第一批	阿拉善右旗
63	希博图岩画群	新石器时代　青铜时代　明代　清代	盟级	第一批	阿拉善右旗
64	阿日格楞太岩画群	新石器时代　青铜时代　汉代　唐代	盟级	第一批	阿拉善右旗
65	苏亥赛岩画群	青铜时代至元代	盟级	第一批	阿拉善右旗
66	祖勒格图乌拉岩画群	青铜时代至唐代	盟级	第一批	阿拉善右旗
67	双井子岩画群	青铜时代	盟级	第一批	阿拉善右旗
68	立沟泉岩画群	青铜时代　汉代　元代　明代	盟级	第一批	阿拉善右旗
69	夏拉木岩画群	汉代至元代	盟级	第一批	阿拉善右旗
70	笔其格图岩画群	汉代	盟级	第一批	阿拉善右旗

序号	公布名称与单体名称		时代	保护级别及批次	所在旗县(区)
71	巴尔图障址		汉代	盟级 第一批	阿拉善右旗
72	希勃障址(希贝障址)		汉代	盟级 第一批	阿拉善右旗
73	龙首山壕堑		汉代	盟级 第一批	阿拉善右旗
74	雅布赖天田遗址		汉代	盟级 第一批	阿拉善右旗
75	笋布日列燧	(1) 锡林乌苏乔吉烽燧	汉代	盟级 第一批	阿拉善右旗
		(2) 赛呼都格烽燧	汉代	盟级 第一批	阿拉善右旗
		(3) 图力克乔吉烽燧	汉代	盟级 第一批	阿拉善右旗
		(4) 哈勒扎格乔吉烽燧	汉代	盟级 第一批	阿拉善右旗
		(5) 乌海希贝烽燧	汉代	盟级 第一批	阿拉善右旗
		(6) 哈日乔吉烽燧	汉代	盟级 第一批	阿拉善右旗
		(7) 哈勒淖汗乔吉烽燧	汉代	盟级 第一批	阿拉善右旗
		(8) 敖勒斯太乔吉烽燧	汉代	盟级 第一批	阿拉善右旗
		(9) 乔吉陶来烽燧	汉代	盟级 第一批	阿拉善右旗
		(10) 苏敏乔吉烽燧	汉代	盟级 第一批	阿拉善右旗
		(11) 乌兰乌祖勒乔吉烽燧	汉代	盟级 第一批	阿拉善右旗
		(12) 扎克图阿木乔吉烽燧	汉代	盟级 第一批	阿拉善右旗
		(13) 阿勒乌苏乔吉烽燧	汉代	盟级 第一批	阿拉善右旗
		(14) 哈雅乔吉烽燧	汉代	盟级 第一批	阿拉善右旗

序号	公布名称与单体名称	时代	保护级别及批次	所在旗县(区)
75 笋布日列燧	(15) 哈日雅玛图乔吉烽燧	汉代	盟级 第一批	阿拉善右旗
	(16) 库克乌苏格德乌兰乔吉烽燧	汉代	盟级 第一批	阿拉善右旗
	(17) 库克乌苏格德哈勒乔吉烽燧	汉代	盟级 第一批	阿拉善右旗
	(18) 查汗乔吉烽燧	汉代	盟级 第一批	阿拉善右旗
	(19) 查干陶勒盖乌兰乔吉烽燧	汉代	盟级 第一批	阿拉善右旗
	(20) 傲美烽燧	汉代	盟级 第一批	阿拉善右旗
	(21) 浩乔吉烽燧	汉代	盟级 第一批	阿拉善右旗
	(22) 布勒呼木德勒哈勒乔吉烽燧	汉代	盟级 第一批	阿拉善右旗
	(23) 纳林哈勒乔吉烽燧	汉代	盟级 第一批	阿拉善右旗
	(24) 萨拉乔吉烽燧	汉代	盟级 第一批	阿拉善右旗
	(25) 塔塔勒乔吉烽燧	汉代	盟级 第一批	阿拉善右旗
	(26) 阿门乌苏烽燧	汉代	盟级 第一批	阿拉善右旗
	(27) 双敖包1号烽燧	汉代	盟级 第一批	阿拉善右旗
	(28) 双敖包2号烽燧	汉代	盟级 第一批	阿拉善右旗
	(29) 巴斯赖烽燧	汉代	盟级 第一批	阿拉善右旗
	(30) 浩幺勒敖包烽燧	汉代	盟级 第一批	阿拉善右旗
	(31) 哈勒苏海烽燧	汉代	盟级 第一批	阿拉善右旗
	(32) 陶来烽燧	汉代	盟级 第一批	阿拉善右旗

序号	公布名称与单体名称	时代	保护级别及批次	所在旗县(区)
75	(33) 库扣哈达烽燧	汉代	盟级　第一批	阿拉善右旗
	(34) 扣布烽燧	汉代	盟级　第一批	阿拉善右旗
	(35) 巴音希贝烽燧	汉代	盟级　第一批	阿拉善右旗
	(36) 扎德安烽燧	汉代	盟级　第一批	阿拉善右旗
	(37) 巴音套海仓吉烽燧	汉代	盟级　第一批	阿拉善右旗
	(38) 乌祖勒希贝烽燧	汉代	盟级　第一批	阿拉善右旗
	(39) 套海烽燧	汉代	盟级　第一批	阿拉善右旗
	(40) 嘎格次毛道烽燧	汉代	盟级　第一批	阿拉善右旗
	(41) 贡湖洞烽燧	汉代	盟级　第一批	阿拉善右旗
	(42) 库伦希贝烽燧	汉代	盟级　第一批	阿拉善右旗
	(43) 芒亨陶勒盖烽燧	汉代	盟级　第一批	阿拉善右旗
	(44) 哈曾陶勒盖烽燧	汉代	盟级　第一批	阿拉善右旗
	(45) 扎克图希贝烽燧	汉代	盟级　第一批	阿拉善右旗
	(46) 拜兴高勒烽燧	汉代	盟级　第一批	阿拉善右旗
76	(1) 仓吉烽燧	汉代	盟级　第一批	阿拉善右旗
	(2) 奔肯特烽燧	汉代	盟级　第一批	阿拉善右旗
	(3) 呼和乔吉烽燧	汉代	盟级　第一批	阿拉善右旗
	(4) 巴嘎孟根烽燧	汉代	盟级　第一批	阿拉善右旗

序号75的单体名称为"笋布日列燧"，序号76的单体名称为"雅布赖列燧"。

序号	公布名称与单体名称	时代	保护级别及批次		所在旗县(区)
76	(41) 敖布特沟烽燧	汉代	盟级	第一批	阿拉善右旗
	(42) 大石头沟烽燧	汉代	盟级	第一批	阿拉善右旗
	(43) 碱槽子烽燧	汉代	盟级	第一批	阿拉善右旗
	(44) 野马井烽燧	汉代	盟级	第一批	阿拉善右旗
	(45) 牧胡日沟2号烽燧	汉代	盟级	第一批	阿拉善右旗
	(46) 牧胡日沟1号烽燧	汉代	盟级	第一批	阿拉善右旗
	(47) 毛湾头烽燧	汉代	盟级	第一批	阿拉善右旗
	(48) 三个井1号烽燧	汉代	盟级	第一批	阿拉善右旗
	(49) 三个井2号烽燧	汉代	盟级	第一批	阿拉善右旗
	(50) 苏亥山烽燧	汉代	盟级	第一批	阿拉善右旗
	(51) 海沟口烽燧	汉代	盟级	第一批	阿拉善右旗
	(52) 小茇茇沟烽燧	汉代	盟级	第一批	阿拉善右旗
	(53) 大茇茇沟北口烽燧	汉代	盟级	第一批	阿拉善右旗
	(54) 大茇茇沟口烽燧	汉代	盟级	第一批	阿拉善右旗
	(55) 大茇茇沟烽燧	汉代	盟级	第一批	阿拉善右旗
	(56) 曹家窑洞烽燧	汉代	盟级	第一批	阿拉善右旗
	(57) 黑山圈烽燧	汉代	盟级	第一批	阿拉善右旗
	(58) 必勒格图烽燧	汉代	盟级	第一批	阿拉善右旗

（序号76左侧合并单元格名称：雅布赖列燧）

序号	公布名称与单体名称	时代	保护级别及批次	所在旗县(区)
76	(59) 红柳沟西北烽燧	汉代	盟级 第一批	阿拉善右旗
	(60) 红柳沟2号烽燧(红柳沟障城)	汉代	盟级 第一批	阿拉善右旗
	(61) 红柳沟1号烽燧	汉代	盟级 第一批	阿拉善右旗
	(62) 红柳沟西烽燧	汉代	盟级 第一批	阿拉善右旗
	(63) 红柳沟3号烽燧(红柳沟2号烽燧)	汉代	盟级 第一批	阿拉善右旗
	(64) 小红柳沟烽燧	汉代	盟级 第一批	阿拉善右旗
	(65) 沙照子烽燧	汉代	盟级 第一批	阿拉善右旗
	(66) 黑照子烽燧	汉代	盟级 第一批	阿拉善右旗
	(67) 双照子烽燧	汉代	盟级 第一批	阿拉善右旗
	(68) 营盘烽燧	汉代	盟级 第一批	阿拉善右旗
	(69) 杜青山烽燧	汉代	盟级 第一批	阿拉善右旗
77	(1) 东山头烽燧	汉代	盟级 第一批	阿拉善右旗
	(2) 乌兰塔塔拉烽燧	汉代	盟级 第一批	阿拉善右旗
	(3) 必鲁图2号烽燧	汉代	盟级 第一批	阿拉善右旗
	(4) 必鲁图1号烽燧	汉代	盟级 第一批	阿拉善右旗
	(5) 截大板烽燧	汉代	盟级 第一批	阿拉善右旗
	(6) 干涝池烽燧	汉代	盟级 第一批	阿拉善右旗
	(7) 青羊口烽燧	汉代	盟级 第一批	阿拉善右旗

序号76的公布名称：雅布赖列燧
序号77的公布名称：龙首山列燧

序号	公布名称与单体名称	时代	保护级别及批次		所在旗县(区)
77	(8) 查呼勒太西烽燧	汉代	盟级	第一批	阿拉善右旗
	(9) 浑格勒烽燧	汉代	盟级	第一批	阿拉善右旗
	(10) 萨力克图烽燧	汉代	盟级	第一批	阿拉善右旗
	(11) 伊勒盖图东脑烽燧	汉代	盟级	第一批	阿拉善右旗
	(12) 伊勒盖图烽燧	汉代	盟级	第一批	阿拉善右旗
	(13) 巴音呼都格烽燧	汉代	盟级	第一批	阿拉善右旗
	(14) 红墩子烽燧	汉代	盟级	第一批	阿拉善右旗
	(15) 夏勒哈木勒烽燧	汉代	盟级	第一批	阿拉善右旗
	(16) 乔吉提乌拉烽燧	汉代	盟级	第一批	阿拉善右旗
龙首山列燧	(17) 查干乔吉阿木烽燧	汉代	盟级	第一批	阿拉善右旗
	(18) 牧胡日烽燧	汉代	盟级	第一批	阿拉善右旗
	(19) 善马湖烽燧	汉代	盟级	第一批	阿拉善右旗
	(20) 伊和呼都格阿木2号烽燧	汉代	盟级	第一批	阿拉善右旗
	(21) 伊和呼都格阿木1号烽燧	汉代	盟级	第一批	阿拉善右旗
	(22) 阿木乌苏烽燧	汉代	盟级	第一批	阿拉善右旗
	(23) 敖勒斯太烽燧	汉代	盟级	第一批	阿拉善右旗
	(24) 乌兰苏海高勒烽燧	汉代	盟级	第一批	阿拉善右旗
	(25) 查干敖包烽燧	汉代	盟级	第一批	阿拉善右旗

序号	公布名称与单体名称	时代	保护级别及批次		所在旗县(区)
77	(26) 夹山烽燧	汉代	盟级	第一批	阿拉善右旗
	(27) 赛汉额日根烽燧	汉代	盟级	第一批	阿拉善右旗
	(28) 娃子山烽燧	汉代	盟级	第一批	阿拉善右旗
	(29) 巴尔图1号烽燧	汉代	盟级	第一批	阿拉善右旗
	(30) 巴尔图2号烽燧	汉代	盟级	第一批	阿拉善右旗
	(31) 金银洞烽燧	汉代	盟级	第一批	阿拉善右旗
	(32) 墩根阿木烽燧	汉代	盟级	第一批	阿拉善右旗
	(33) 乌鲁图阿木1号烽燧	汉代	盟级	第一批	阿拉善右旗
	(34) 乌鲁图阿木2号烽燧	汉代	盟级	第一批	阿拉善右旗
	(35) 乌鲁图阿木3号烽燧	汉代	盟级	第一批	阿拉善右旗
	(36) 乔吉沟烽燧	汉代	盟级	第一批	阿拉善右旗
	(37) 墩墩山烽燧	汉代	盟级	第一批	阿拉善右旗
	(38) 布宏图烽燧	汉代	盟级	第一批	阿拉善右旗
	(39) 黑山嘴烽燧	汉代	盟级	第一批	阿拉善右旗
	(40) 格日乌苏烽燧	汉代	盟级	第一批	阿拉善右旗
	(41) 德布斯格烽燧	汉代	盟级	第一批	阿拉善右旗
	(42) 狼心疙瘩西烽燧	汉代	盟级	第一批	阿拉善右旗
	(43) 狼心疙瘩烽燧	汉代	盟级	第一批	阿拉善右旗

序号77的公布名称为：龙首山列燧

序号	公布名称与单体名称		时代	保护级别及批次	所在旗县(区)
77	龙首山列燧	(44) 查干全吉烽燧	汉代	盟级 第一批	阿拉善右旗
		(45) 红山墩烽燧	汉代	盟级 第一批	阿拉善右旗
		(46) 芦泉烽燧	汉代	盟级 第一批	阿拉善右旗
78	塔林拜兴障址		西夏	盟级 第一批	阿拉善右旗
79	巴润海日汗障址		西夏	盟级 第一批	阿拉善右旗
80	恩格日乌苏障址		西夏	盟级 第一批	阿拉善右旗
81	宝斯格希勃障址		西夏	盟级 第一批	阿拉善右旗
82	乌海希勃城址 (乌海希勃障址)		西夏	盟级 第一批	阿拉善右旗
83	乌兰拜兴障址		西夏	盟级 第一批	阿拉善右旗
84	巴彦高勒遗址		新石器时代	盟级 第一批	额济纳旗
85	巴彦陶来遗址		新石器时代	盟级 第一批	额济纳旗
86	查勒格尔石器遗址		新石器时代	盟级 第一批	额济纳旗
87	嘎顺扎德盖岩画群		新石器时代 青铜时代 辽代 金代 元代	盟级 第一批	额济纳旗
88	额日古哈拉南墓葬群		汉代	盟级 第一批	额济纳旗
89	红庙东墓葬群		汉代	盟级 第一批	额济纳旗
90	红庙东南墓葬群		汉代	盟级 第一批	额济纳旗
91	红庙西墓葬群		汉代	盟级 第一批	额济纳旗
92	温都格北1号墓葬		汉代	盟级 第一批	额济纳旗

序号	公布名称与单体名称	时代	保护级别及批次	所在旗县(区)
93	温都格北2号墓葬	汉代	盟级　第一批	额济纳旗
94	温都格南墓葬	汉代	盟级　第一批	额济纳旗
95	巴彦宝格德1号烽燧	汉代	盟级　第一批	额济纳旗
96	巴彦宝格德2号烽燧	汉代	盟级　第一批	额济纳旗
97	巴彦宝格德3号烽燧	汉代	盟级　第一批	额济纳旗
98	白梁图烽燧	汉代	盟级　第一批	额济纳旗
99	查干波日格城址	汉代	盟级　第一批	额济纳旗
100	楚伦昂高茨采石场	汉代	盟级　第一批	额济纳旗
101	川吉淖尔烽燧	汉代	盟级　第一批	额济纳旗
102	大同城东窑址	汉代	盟级　第一批	额济纳旗
103	浑德冷音乌素烽燧	汉代	盟级　第一批	额济纳旗
104	拉里乌素烽燧	汉代	盟级　第一批	额济纳旗
105	绿城窑址	汉代	盟级　第一批	额济纳旗
106	瑙高陶来烽燧	汉代	盟级　第一批	额济纳旗
107	怒德盖乌兰烽燧	汉代	盟级　第一批	额济纳旗
108	塔本呼德格烽燧	汉代	盟级　第一批	额济纳旗
109	马力曾烽燧	汉代	盟级　第一批	额济纳旗
110	陶来图1号烽燧	汉代	盟级　第一批	额济纳旗

序号	公布名称与单体名称	时代	保护级别及批次		所在旗县(区)
111	陶来图3号烽燧	汉代	盟级	第一批	额济纳旗
112	陶来乌素烽燧	汉代	盟级	第一批	额济纳旗
113	梧桐泉烽燧	汉代	盟级	第一批	额济纳旗
114	夏日库列烽燧	汉代	盟级	第一批	额济纳旗
115	安东烽燧	西夏	盟级	第一批	额济纳旗
116	敖勒苏台烽燧	西夏	盟级	第一批	额济纳旗
117	宝都格烽燧	西夏	盟级	第一批	额济纳旗
118	本肯苏海擦擦塔遗址	西夏	盟级	第一批	额济纳旗
119	川吉图库勒烽燧	西夏	盟级	第一批	额济纳旗
120	达来呼布镇乌兰川吉烽燧	西夏	盟级	第一批	额济纳旗
121	达愣图如川吉烽燧	西夏	盟级	第一批	额济纳旗
122	哈敦呼休烽燧	西夏	盟级	第一批	额济纳旗
123	哈敦呼休障址	西夏	盟级	第一批	额济纳旗
124	哈日川吉烽燧	西夏	盟级	第一批	额济纳旗
125	浩日海图布勒格城址	西夏	盟级	第一批	额济纳旗
126	小红庙遗址	西夏	盟级	第一批	额济纳旗
127	呼伦川吉障址	西夏	盟级	第一批	额济纳旗
128	辉煌舍利塔址	西夏	盟级	第一批	额济纳旗

序号	公布名称与单体名称	时代	保护级别及批次	所在旗县(区)
129	库仑西泊障址	西夏	盟级 第一批	额济纳旗
130	乔宁塔塔拉烽燧	西夏	盟级 第一批	额济纳旗
131	赛汉陶来查干川吉烽燧	西夏	盟级 第一批	额济纳旗
132	赛汉陶来乌兰川吉烽燧	西夏	盟级 第一批	额济纳旗
133	苏泊淖尔查干川吉烽燧	西夏	盟级 第一批	额济纳旗
134	苏泊淖尔乌兰川吉烽燧	西夏	盟级 第一批	额济纳旗
135	桃来哈夏烽燧	西夏	盟级 第一批	额济纳旗
136	乌哈西泊障址	西夏	盟级 第一批	额济纳旗
137	乌兰白兴采石场	西夏	盟级 第一批	额济纳旗
138	珠斯冷海日很西泊障址	西夏	盟级 第一批	额济纳旗
139	查干德日布井烽燧	西夏 元代	盟级 第一批	额济纳旗
140	查干陶勒盖遗址	西夏 元代	盟级 第一批	额济纳旗
141	德日森套海遗址	西夏 元代	盟级 第一批	额济纳旗
142	二塔东城址	西夏 元代	盟级 第一批	额济纳旗
143	戈壁白兴遗址	西夏 元代	盟级 第一批	额济纳旗
144	红庙村落房屋遗址群	西夏 元代	盟级 第一批	额济纳旗
145	红庙东庙址	西夏 元代	盟级 第一批	额济纳旗
146	金庙高台遗址	西夏 元代	盟级 第一批	额济纳旗

序号	公布名称与单体名称	时代	保护级别及批次	所在旗县(区)
147	绿城东村落房屋遗址群	西夏　元代	盟级　第一批	额济纳旗
148	绿城东南村落房屋遗址群	西夏　元代	盟级　第一批	额济纳旗
149	绿城双塔址	西夏　元代	盟级　第一批	额济纳旗
150	绿城塔庙址	西夏　元代	盟级　第一批	额济纳旗
151	绿城西村落房屋遗址群	西夏　元代	盟级　第一批	额济纳旗
152	东土塔址	元代	盟级　第一批	额济纳旗
153	哈日白兴庙址	元代	盟级　第一批	额济纳旗
154	黑城北窑址群	元代	盟级　第一批	额济纳旗
155	黑城东塔址	元代	盟级　第一批	额济纳旗
156	绿城一塔址	元代	盟级　第一批	额济纳旗
157	扎格图纳林遗址	元代	盟级　第一批	额济纳旗
158	晓林川吉烽燧	明代	盟级　第一批	额济纳旗
159	苏木图庙址	清代	盟级　第一批	额济纳旗
160	老西庙庙址	清代	盟级　第一批	额济纳旗
161	阿尔善敖包	清代	盟级　第一批	额济纳旗
162	敖尔斯敖包	清代	盟级　第一批	额济纳旗
163	乃斯日敖包	清代	盟级　第一批	额济纳旗
164	乌兰淖尔敖包	清代	盟级　第一批	额济纳旗

序号	公布名称与单体名称	时代	保护级别及批次		所在旗县(区)
165	德王聚集地	民国	盟级	第一批	额济纳旗
166	哈拉哈庙址	民国	盟级	第一批	额济纳旗
167	威远营城址	民国	盟级	第一批	额济纳旗
168	阿拉腾乌苏白兴房址	民国	盟级	第一批	额济纳旗
169	老东庙遗址	民国	盟级	第一批	额济纳旗
170	老西庙东北窑址	民国	盟级	第一批	额济纳旗
171	老西庙东南窑址	民国	盟级	第一批	额济纳旗
172	满提音赛日百兴房址	民国	盟级	第一批	额济纳旗
173	温图高勒古驼道遗址	民国	盟级	第一批	额济纳旗
174	乌陶海音苏木庙址	民国	盟级	第一批	额济纳旗
175	八道桥	新中国	盟级	第一批	额济纳旗
176	策克大桥	新中国	盟级	第一批	额济纳旗
177	策克分水闸	新中国	盟级	第一批	额济纳旗
178	策克军营遗址	新中国	盟级	第一批	额济纳旗
179	狼心山分水枢纽	新中国	盟级	第一批	额济纳旗
180	六号山军事掩体	新中国	盟级	第一批	额济纳旗
181	穆仁高勒大桥	新中国	盟级	第一批	额济纳旗
182	七号山军事掩体	新中国	盟级	第一批	额济纳旗

序号	公布名称与单体名称	时代	保护级别及批次	所在旗县(区)
183	三号山军事掩体	新中国	盟级　第一批	额济纳旗
184	四号山军事掩体	新中国	盟级　第一批	额济纳旗
185	苏泊淖尔粮站	新中国	盟级　第一批	额济纳旗
186	五号山军事掩体	新中国	盟级　第一批	额济纳旗
187	一号山军事掩体	新中国	盟级　第一批	额济纳旗
188	呼布音哈日岩画	待定	盟级　第一批	额济纳旗
189	朝鲁呼热城址	待定	盟级　第一批	额济纳旗
190	头道沙子遗址	新石器时代	旗级　第二批	阿拉善左旗
191	娜仁诺尔遗址	新石器时代	旗级　第二批	阿拉善左旗
192	希勃图岩画群	新石器时代　青铜时代　明代　清代	旗级　第二批	阿拉善左旗
193	阿拉腾温都尔岩画群	青铜时代　隋代　唐代　西夏	旗级　第二批	阿拉善左旗
194	宝日乌拉岩画群	青铜时代　汉代	旗级　第二批	阿拉善左旗
195	大敖包烽火台	汉代	旗级　第二批	阿拉善左旗
196	色音敖包烽火台	汉代	旗级　第二批	阿拉善左旗
197	苏木图敖包烽火台	汉代	旗级　第二批	阿拉善左旗
198	乌蓝傲包烽火台	汉代	旗级　第二批	阿拉善左旗

序号	公布名称与单体名称	时代	保护级别及批次	所在旗县(区)
199	豪依尔哈日音希勃烽火台	汉代	旗级 第二批	阿拉善左旗
200	塔塔拉音希勃烽火台	汉代	旗级 第二批	阿拉善左旗
201	特布克烽火台	汉代	旗级 第二批	阿拉善左旗
202	苏木太高勒1号烽火台	汉代	旗级 第二批	阿拉善左旗
203	苏木太高勒3号烽火台	汉代	旗级 第二批	阿拉善左旗
204	浩坦敖包烽火台	汉代	旗级 第二批	阿拉善左旗
205	查干希勃烽火台	汉代	旗级 第二批	阿拉善左旗
206	玛宁敖包烽火台	汉代	旗级 第二批	阿拉善左旗
207	恩格尔烽燧	汉代	旗级 第二批	阿拉善左旗
208	阿拉格陶勒盖烽火台	汉代	旗级 第二批	阿拉善左旗
209	查斯沟1号烽火台	汉代	旗级 第二批	阿拉善左旗
210	查斯沟2号烽火台	汉代	旗级 第二批	阿拉善左旗
211	将军敖包烽火台	汉代	旗级 第二批	阿拉善左旗
212	哈日库布烽火台	汉代	旗级 第二批	阿拉善左旗
213	阿尔善敖包烽火台	汉代	旗级 第二批	阿拉善左旗
214	布日格斯太1号烽火台	汉代	旗级 第二批	阿拉善左旗

序号	公布名称与单体名称	时代	保护级别及批次	所在旗县(区)
215	宝日敖包烽燧	汉代	旗级 第二批	阿拉善左旗
216	乌兰拜兴烽火台	汉代	旗级 第二批	阿拉善左旗
217	乌兰敖包烽火台	汉代	旗级 第二批	阿拉善左旗
218	乌兰布拉格2号烽火台	汉代	旗级 第二批	阿拉善左旗
219	巴音敖包1号烽火台	汉代	旗级 第二批	阿拉善左旗
220	巴音敖包2号烽火台	汉代	旗级 第二批	阿拉善左旗
221	哈登希勃烽火台	汉代	旗级 第二批	阿拉善左旗
222	萨格勒格日敖包烽火台	汉代	旗级 第二批	阿拉善左旗
223	豪勒包烽火台	汉代	旗级 第二批	阿拉善左旗
224	呼和图音巴润希勃烽火台	汉代	旗级 第二批	阿拉善左旗
225	勃日格音呼都格音希勃烽火台	汉代	旗级 第二批	阿拉善左旗
226	夏日希泊烽火台	汉代	旗级 第二批	阿拉善左旗
227	铁布克1号烽火台	汉代	旗级 第二批	阿拉善左旗
228	铁布克2号烽火台	汉代	旗级 第二批	阿拉善左旗
229	呼和敖包烽火台	汉代	旗级 第二批	阿拉善左旗
230	乌努根敖包烽火台	汉代	旗级 第二批	阿拉善左旗

序号	公布名称与单体名称	时代	保护级别及批次		所在旗县(区)
231	哈日希勃烽火台	汉代	旗级	第二批	阿拉善左旗
232	希勃希勒烽火台	汉代	旗级	第二批	阿拉善左旗
233	希勃烽火台	汉代	旗级	第二批	阿拉善左旗
234	巴嘎敖包烽火台	汉代	旗级	第二批	阿拉善左旗
235	阿日敖包烽火台	汉代	旗级	第二批	阿拉善左旗
236	图拉嘎哈日烽火台	汉代	旗级	第二批	阿拉善左旗
237	塔木苏格敖包烽火台	汉代	旗级	第二批	阿拉善左旗
238	西勃图墓葬	唐代	旗级	第二批	阿拉善左旗
239	哈仁贵音全吉烽火台	西夏	旗级	第二批	阿拉善左旗
240	艾然全吉烽火台	西夏	旗级	第二批	阿拉善左旗
241	乌日根乃嘎顺障址	西夏	旗级	第二批	阿拉善左旗
242	嘎顺特布克希勃障址	西夏	旗级	第二批	阿拉善左旗
243	庆德门烽火台	西夏	旗级	第二批	阿拉善左旗
244	全吉乌拉烽火台	西夏	旗级	第二批	阿拉善左旗
245	石墩子烽火台	明代	旗级	第二批	阿拉善左旗
246	双墩子1号烽火台	明代	旗级	第二批	阿拉善左旗

序号	公布名称与单体名称	时代	保护级别及批次	所在旗县(区)
247	双墩子2号烽火台	明代	旗级　第二批	阿拉善左旗
248	青石圈2号烽火台	明代	旗级　第二批	阿拉善左旗
249	营子山烽火台	明代	旗级　第二批	阿拉善左旗
250	小口子烽火台	明代	旗级　第二批	阿拉善左旗
251	双石盒子2号烽火台	明代	旗级　第二批	阿拉善左旗
252	小口子居住址	明代	旗级　第二批	阿拉善左旗
253	磨石口3号烽火台	明代	旗级　第二批	阿拉善左旗
254	二关1号烽火台	明代	旗级　第二批	阿拉善左旗
255	乌兰全吉1号烽火台	明代	旗级　第二批	阿拉善左旗
256	吉日格勒图敖包	清代	旗级　第二批	阿拉善左旗
257	巴彦木仁东大寺	清代	旗级　第二批	阿拉善左旗
258	查汉苏布勒格庙	1985年	旗级　第二批	阿拉善左旗
259	娜仁希勃城址	（待定）	旗级　第二批	阿拉善左旗
260	西勃墓葬	（待定）	旗级　第二批	阿拉善左旗
261	阿都额日格岩画群	（待定）	旗级　第二批	阿拉善左旗
262	库日木图阿贵庙	清代	旗级　第一批	阿拉善右旗

序号	公布名称与单体名称	时代	保护级别及批次	所在旗县(区)
263	夏尔嘎庙	清代	旗级 第一批	阿拉善右旗
264	绍瑞图恐龙化石群	白垩纪	旗级 第二批	阿拉善右旗
265	查库尔图印印化石遗址	白垩纪	旗级 第二批	阿拉善右旗
266	乌克日楚鲁图岩画群	旧石器时代	旗级 第二批	阿拉善右旗
267	额肯呼都格遗址	新石器时代	旗级 第二批	阿拉善右旗
268	布德日根岩画群	新石器时代 青铜时代	旗级 第二批	阿拉善右旗
269	纳仁高勒岩画群	新石器时代 青铜时代 元代	旗级 第二批	阿拉善右旗
270	哈日根南高勒岩画群	春秋	旗级 第二批	阿拉善右旗
271	喇嘛陶勒盖岩画群	秦代 汉代 西夏	旗级 第二批	阿拉善右旗
272	曼德拉山遗址	汉代	旗级 第二批	阿拉善右旗
273	特日格图汉墓	汉代	旗级 第二批	阿拉善右旗
274	雅布赖墓群	汉代	旗级 第二批	阿拉善右旗
275	通沟墓群	汉代	旗级 第二批	阿拉善右旗
276	查干敖包障址	汉代 西夏	旗级 第二批	阿拉善右旗
277	夏日玛岩画群	汉代 元代	旗级 第二批	阿拉善右旗
278	布勒古图岩画群	汉代 元代	旗级 第二批	阿拉善右旗

序号	公布名称与单体名称	时代	保护级别及批次	所在旗县(区)
279	布墩苏海岩画群	西晋　元代	旗级　第二批	阿拉善右旗
280	萨力克图墓群	西夏	旗级　第二批	阿拉善右旗
281	阿日嘎善山岩画群	西夏　清代	旗级　第二批	阿拉善右旗
282	沙枣沟墓群	元代	旗级　第二批	阿拉善右旗
283	特布希庙	清代	旗级　第二批	阿拉善右旗
284	库热图庙	清代	旗级　第二批	阿拉善右旗
285	特格几格下洞手印岩画群	旧石器时代	旗级　第三批	阿拉善右旗
286	马山井遗址	新石器时代	旗级　第三批	阿拉善右旗
287	呼勒斯陶勒盖石器址	新石器时代	旗级　第三批	阿拉善右旗
288	象根吉林遗址	新石器时代	旗级　第三批	阿拉善右旗
289	格力克遗址	新石器时代	旗级　第三批	阿拉善右旗
290	准诺尔图遗址	新石器时代	旗级　第三批	阿拉善右旗
291	额肯吉林遗址	新石器时代	旗级　第三批	阿拉善右旗
292	乌鲁图布拉格遗址	新石器时代	旗级　第三批	阿拉善右旗
293	赛亨艾力图遗址	新石器时代	旗级　第三批	阿拉善右旗
294	策力格图遗址	新石器时代	旗级　第三批	阿拉善右旗

序号	公布名称与单体名称	时代	保护级别及批次	所在旗县(区)
295	宗吉格图遗址	新石器时代	旗级 第三批	阿拉善右旗
296	阿拉塔图遗址	新石器时代	旗级 第三批	阿拉善右旗
297	呼都格吉林遗址	新石器时代	旗级 第三批	阿拉善右旗
298	音德尔图遗址	新石器时代	旗级 第三批	阿拉善右旗
299	巴丹吉林遗址	新石器时代	旗级 第三批	阿拉善右旗
300	巴丹吉林南海子遗址	新石器时代	旗级 第三批	阿拉善右旗
301	毕鲁特南遗址	新石器时代	旗级 第三批	阿拉善右旗
302	毕鲁图北坑遗址	新石器时代	旗级 第三批	阿拉善右旗
303	乌郎傲格钦遗址	新石器时代	旗级 第三批	阿拉善右旗
304	宗扎哈吉林南坑遗址	新石器时代	旗级 第三批	阿拉善右旗
305	宝勒曾图遗址	新石器时代	旗级 第三批	阿拉善右旗
306	双海子东海遗址	新石器时代	旗级 第三批	阿拉善右旗
307	双海子西海遗址	新石器时代	旗级 第三批	阿拉善右旗
308	曹呼勒毛日图遗址	新石器时代	旗级 第三批	阿拉善右旗
309	乌库日图遗址	新石器时代	旗级 第三批	阿拉善右旗
310	诺日图遗址	新石器时代	旗级 第三批	阿拉善右旗

序号	公布名称与单体名称	时代	保护级别及批次	所在旗县(区)
311	诺日图北干坑遗址	新石器时代	旗级 第三批	阿拉善右旗
312	浩尼吉林遗址	新石器时代	旗级 第三批	阿拉善右旗
313	乌兰吉林遗址	新石器时代	旗级 第三批	阿拉善右旗
314	东呼都格吉林遗址	新石器时代	旗级 第三批	阿拉善右旗
315	呼勒图遗址	新石器时代	旗级 第三批	阿拉善右旗
316	必鲁图遗址	新石器时代	旗级 第三批	阿拉善右旗
317	呼和吉林遗址	新石器时代	旗级 第三批	阿拉善右旗
318	苏海图遗址	新石器时代	旗级 第三批	阿拉善右旗
319	西达布苏图遗址	新石器时代	旗级 第三批	阿拉善右旗
320	额勒肯吉林遗址	新石器时代	旗级 第三批	阿拉善右旗
321	朗斯吉林遗址	新石器时代	旗级 第三批	阿拉善右旗
322	曼格图吉林遗址	新石器时代	旗级 第三批	阿拉善右旗
323	牡丹吉林遗址	新石器时代	旗级 第三批	阿拉善右旗
324	依克吉格德遗址	新石器时代	旗级 第三批	阿拉善右旗
325	惠森陶勒盖岩画群	新石器时代	旗级 第三批	阿拉善右旗
326	岱日图岩画	新石器时代	旗级 第三批	阿拉善右旗

序号	公布名称与单体名称	时代	保护级别及批次	所在旗县(区)
327	敖包图库荣岩画群	新石器时代	旗级 第三批	阿拉善右旗
328	哈布尔井岩画群	新石器时代	旗级 第三批	阿拉善右旗
329	牧呼勒乌苏岩画群	新石器时代	旗级 第三批	阿拉善右旗
330	大花黑岭岩画群	新石器时代	旗级 第三批	阿拉善右旗
331	小格西格遗址	新石器时代	旗级 第三批	阿拉善右旗
332	少班吉林遗址	新石器时代 东周	旗级 第三批	阿拉善右旗
333	阿日吉林遗址	新石器时代 东周	旗级 第三批	阿拉善右旗
334	欧门吉林遗址	新石器时代 东周	旗级 第三批	阿拉善右旗
335	东德吉林遗址	新石器时代 东周	旗级 第三批	阿拉善右旗
336	达布苏图遗址	新石器时代 东周	旗级 第三批	阿拉善右旗
337	达布苏图宗敖格钦遗址	新石器时代 东周	旗级 第三批	阿拉善右旗
338	巴润扎哈吉林遗址	新石器时代 东周	旗级 第三批	阿拉善右旗
339	伊克尔布日岩画群	青铜时代	旗级 第三批	阿拉善右旗
340	敦德乌苏岩画群	夏代 商代	旗级 第三批	阿拉善右旗
341	查干陶荣木图岩画群	夏代 商代	旗级 第三批	阿拉善右旗
342	查克勒萨拉岩画	东周	旗级 第三批	阿拉善右旗

序号	公布名称与单体名称	时代	保护级别及批次	所在旗县(区)
343	花石头顶岩画	东周	旗级 第三批	阿拉善右旗
344	通沟居住址	汉代	旗级 第三批	阿拉善右旗
345	希贝西北障址	汉代	旗级 第三批	阿拉善右旗
346	巴音温都尔障址 (巴音温都尔居住址)	汉代	旗级 第三批	阿拉善右旗
347	乌兰乌珠尔障址 (乌兰乌珠尔古城)	汉代	旗级 第三批	阿拉善右旗
348	沙枣沟口子障址 (沙枣沟口子居住址)	汉代	旗级 第三批	阿拉善右旗
349	孟根陶勒盖墓葬	汉代	旗级 第三批	阿拉善右旗
350	二连陶勒盖墓葬	汉代	旗级 第三批	阿拉善右旗
351	乌兰塔塔拉墓葬	汉代	旗级 第三批	阿拉善右旗
352	查干敖包墓葬	汉代	旗级 第三批	阿拉善右旗
353	格楞井墓葬群	汉代	旗级 第三批	阿拉善右旗
354	苏敏乔吉墓葬	汉代	旗级 第三批	阿拉善右旗
355	白茨芨东井驿站遗址	宋辽金至清代	旗级 第三批	阿拉善右旗
356	白茨芨西井驿站遗址	宋辽金至清代	旗级 第三批	阿拉善右旗
357	保家井驿站遗址	宋辽金至清代	旗级 第三批	阿拉善右旗
358	保家井西南驿站遗址	宋辽金至清代	旗级 第三批	阿拉善右旗

序号	公布名称与单体名称	时代	保护级别及批次	所在旗县(区)
359	布雅图墓葬	西夏	旗级　第三批	阿拉善右旗
360	乌兰浩绕遗址	西夏	旗级　第三批	阿拉善右旗
361	磨盘遗址	元代	旗级　第三批	阿拉善右旗
362	苏海图岩画群	元代	旗级　第三批	阿拉善右旗
363	雅玛图岩画	元代	旗级　第三批	阿拉善右旗
364	道布图岩画群	元代	旗级　第三批	阿拉善右旗
365	恩格尔乌增岩画群	元代	旗级　第三批	阿拉善右旗
366	布雅图岩画群	元代　明代	旗级　第三批	阿拉善右旗
367	呼勒斯太岩画	元代　明代	旗级　第三批	阿拉善右旗
368	呼勒斯太东南岩画群	元代　明代	旗级　第三批	阿拉善右旗
369	其克塔克阿木岩画群	元代　明代　清代	旗级　第三批	阿拉善右旗
370	孟根努扣岩画群	元代　明代　清代	旗级　第三批	阿拉善右旗
371	孟格图岩画	元代　明代　清代	旗级　第三批	阿拉善右旗
372	孟格图西南岩画	元代　明代　清代	旗级　第三批	阿拉善右旗
373	青崖腰岩画群	元代　明代　清代	旗级　第三批	阿拉善右旗
374	塔奔敖包遗址	清代	旗级　第三批	阿拉善右旗

序号	公布名称与单体名称	时代	保护级别及批次	所在旗县(区)
375	梭梭井下井驿站遗址	清代	旗级 第三批	阿拉善右旗
376	大井驿站遗址	清代	旗级 第三批	阿拉善右旗
377	大井南驿站遗址	清代	旗级 第三批	阿拉善右旗
378	固日班陶勒盖驿站遗址	清代	旗级 第三批	阿拉善右旗
379	特斯格图驿站遗址	清代	旗级 第三批	阿拉善右旗
380	特斯格图西驿站遗址	清代	旗级 第三批	阿拉善右旗
381	碱槽子庙址	清代	旗级 第三批	阿拉善右旗
382	董都铁布克驿站遗址	清代	旗级 第三批	阿拉善右旗
383	大车场驿站遗址	清代	旗级 第三批	阿拉善右旗
384	布都尔根呼都格驿站遗址	清代	旗级 第三批	阿拉善右旗
385	扎木呼都格驿站遗址	清代	旗级 第三批	阿拉善右旗
386	海森楚鲁石碑遗址	清代	旗级 第三批	阿拉善右旗
387	海森础鲁石刻	清代	旗级 第三批	阿拉善右旗
388	海森础鲁卧佛泉石刻遗址	清代	旗级 第三批	阿拉善右旗
389	查干德日斯庙	1949年	旗级 第三批	阿拉善右旗
390	阿拉善右旗旧旗址	1961年	旗级 第三批	阿拉善右旗

序号	公布名称与单体名称	时代	保护级别及批次	所在旗县(区)
391	阿拉善右旗电影院	1969年	旗级　第三批	阿拉善右旗
392	87179雷达4连旧址	1987年	旗级　第三批	阿拉善右旗
393	小金沟墓葬群	(待定)	旗级　第三批	阿拉善右旗
394	萨如哈墓葬	(待定)	旗级　第三批	阿拉善右旗
395	满汉陶勒盖墓葬	(待定)	旗级　第三批	阿拉善右旗
396	哈就宝力格墓葬	(待定)	旗级　第三批	阿拉善右旗
397	夏日毛道墓葬	(待定)	旗级　第三批	阿拉善右旗
398	宰生根阿木墓葬	(待定)	旗级　第三批	阿拉善右旗
399	哈布日格墓葬群	(待定)	旗级　第三批	阿拉善右旗
400	哈布日格墓葬	(待定)	旗级　第三批	阿拉善右旗
401	呼和额日根墓葬	(待定)	旗级　第三批	阿拉善右旗
402	恩格尔乌增墓葬	(待定)	旗级　第三批	阿拉善右旗
403	扎德干陶勒盖墓葬	(待定)	旗级　第三批	阿拉善右旗
404	查干陶荣木图墓葬	(待定)	旗级　第三批	阿拉善右旗
405	布雅图墓群	(待定)	旗级　第三批	阿拉善右旗
406	呼勒斯太墓葬	(待定)	旗级　第三批	阿拉善右旗

序号	公布名称与单体名称	时代	保护级别及批次	所在旗县(区)
407	哈勒努都墓群	(待定)	旗级　第三批	阿拉善右旗
408	乌兰套海墓葬	(待定)	旗级　第三批	阿拉善右旗
409	木诺尔墓葬	(待定)	旗级　第三批	阿拉善右旗
410	阿门乌苏墓葬	(待定)	旗级　第三批	阿拉善右旗
411	扎克图宝木墓葬	(待定)	旗级　第三批	阿拉善右旗
412	坤岱图岩画群	(待定)	旗级　第三批	阿拉善右旗
413	五塔	元代	旗级　第三批	额济纳旗
414	陶来图2号烽燧	汉代	旗级　第四批	额济纳旗
415	乌兰圙圇城址	西夏	旗级　第四批	额济纳旗
416	乌兰圙圇烽火台	西夏	旗级　第四批	额济纳旗
417	乌兰白兴城址	西夏	旗级　第四批	额济纳旗
418	乌林百兴西泊障址	西夏	旗级　第四批	额济纳旗
419	乌兰川吉障址	西夏	旗级　第四批	额济纳旗
420	额日古哈拉窑址	西夏　元代	旗级　第四批	额济纳旗
421	吉格德气象站	1955年	旗级　第四批	额济纳旗

后记

  《阿拉善文化遗产》一书，是由内蒙古自治区文物考古研究所组织编纂的《内蒙古文化遗产丛书》之一。全书依照时代序列，分为旧石器时代、新石器时代、青铜时代、汉代、西夏和元代、明清时期、近现代等七个部分，每个部分之下，大致依照古遗址、古墓葬、古建筑、石窟寺及石刻等四个不可移动文物分类的顺序，依次介绍每个不可移动文物点。本书介绍阿拉善盟境内不可移动文物点共有95处，主要包括了全国重点文物保护单位、自治区级重点文物保护单位以及部分市县级文物保护单位和未定级的重要文物点。对这些文物点的介绍，包括了文物的基本状况、前人工作与研究概况等内容，并配有文物平面图、文物本体照片以及出土文物照片等。

  本书综述介绍的内容主要是阿拉善盟的自然环境、人文历史及以往文物考古工作概况等。附录主要是对阿拉善盟的全国重点文物保护单位、自治区级重点文物保护单位、阿拉善盟市县级重点文物保护单位作一个较为全面的分解统计。

  本书收录的古遗址、古墓葬、近现代重要史迹及代表性建筑等三类文物点的撰稿和配图工作以及综述和附录两部分由胡春柏完成，古建筑和石窟寺及石刻等两类文物点的撰稿和配图工作主要由孙斯琴格日勒完成。此外，参与编纂的人员还有张文平、张文惠、张新香、巴戈那、张震洲、范荣南、傅兴业、范永龙、李小伟、杨建林。其中张震洲、范荣南、傅兴业为本书的编写提供了宝贵的基础资料，在此谨致谢忱。本书的统稿由胡春柏负责，陈永志对全稿进行了审定。本书的资料来源，包括了内蒙古自治区文物考古研究所历年来的调查与发掘成果、其他文物单位的调查与发掘成果、新中国成立以来开展的三次不可移动文物普查资料、全国长城资源调查资料、相关专家学者的考古研究成果等。

本书承蒙内蒙古自治区党委常委、宣传部乌兰部长撰写了序言，在此表示由衷的敬意与诚挚的感谢！

本书成书较为仓促，错讹与不足之处，敬请读者批评指正。

编者

2014年1月7日